KW-482-112

The Smeddum Test

*To Jimbo & Pan
with all good wishes*

The Smeddum Test

21st-Century Poems in Scots

The McCash Anthology
2003–2012

Edited by
Lesley Duncan and Alan Riach

*Hope you'll enjoy dipping
into this. Don't worry if
you need a Scots dictionary
at your elbow. So do I!*

*Lesley
1/12/2013*

K&B
Kennedy & Boyd

Kennedy & Boyd
an imprint of
Zeticula Ltd
The Roan
Kilkerran
KA19 8LS
Scotland.

http://www.kennedyandboyd.co.uk
admin@kennedyandboyd.co.uk

First published 2013

Copyright © 2013. Copyright of individual items remains
with the author or their executors, as indicated in the
Acknowledgements, opposite.

Note
We have made every effort to be in touch with all the poets
represented here and would welcome contact from anyone whom
we have been unable to reach.

Introduction Copyright © Lesley Duncan and Alan Riach 2013.

Cover: Glen Rosa, Arran, from the original watercolour by Robert
Tainsh Munn copyright © 2013

ISBN 978-1-84921-124-6 Paperback

All rights reserved. No part of this publication may be
reproduced, stored in a retrieval system, or transmitted in any
form or by any means, electronic, mechanical, photocopying,
recording or otherwise, without the prior permission of the
publishers.

Introduction

The Smeddum Test is an anthology of some of the finest contemporary poetry written in Scots in the past 10 years. The 101 poems have been chosen from outstanding entries in the James McCash Scots Poetry Competition, an annual event in the nation's literary calendar.

The title (taken from one of the poems) employs that good Scots word 'smeddum', meaning strength of character, spirit, energy, vigorous common sense, and resourcefulness. Not only do the poems reflect these stalwart characteristics but the anthology itself comes at an auspicious time, as Scotland re-examines its relationship with the other constituent parts of the United Kingdom.

Whether Scotland decides to remain within the larger time-tested unit or opts for independence, there is certainly a renewed sense of national identity and confidence in our distinctive cultural and creative inheritance, including the Scots language itself.

The quality of the best poetry is always locked into a distinction of language. Sometimes we need to be reminded of that, whether the poems are written in Scots, Gaelic, or English, or any other language. All languages bear meanings that can be translated into other languages but, as the great American poet Robert Lowell has said, 'The excellence of a poet depends on the unique opportunities of his native language.'

The poems in this collection bear out the distinctive authority of the Scots language in many different respects. Scots is a language of many varieties and dialects, many uses and effects; close to English in many ways, but different from it in essence and extent when sampled in speech and writing, and most powerfully in poetry. The early lyric poetry of Hugh MacDiarmid is an admirable exemplar of this.

In Scotland, for many generations, Gaelic and English have had the status of authoritative languages, while Scots has often been considered as nothing more than 'a dialect of English' – subordinate, or, worse, merely slang. Of course it is not. However it was not until 2011 that the National Census listed Scots alongside Gaelic and English as one of Scotland's officially recognised languages.

From the start, the judges of the McCash Poetry Prize have taken a liberal and relaxed view of what constitutes the Scots language. Thus entries have ranged from modern re-workings of the classic Scots of the late Medieval and Renaissance Makars to MacDiarmid's twentieth-century Lallans (or Lowland Scots); have featured regional dialects, from the North East's Doric and the South-West's Burnsian tradition to the distinctive idiom of Shetland; and have included the contemporary demotic Scots of the cities (with a nod to Stanley Baxter's *Parliamo Glesca*). We have not included glossaries to individual poems and recommend that all readers acquire a good Scots language dictionary

This makes for a lively linguistic mix. And gives a cheering insight into the continued vitality of spoken Scots, in spite of past pressures to conform to standard English in the nation's classrooms, and the perhaps more insidious pressures to linguistic conformity imposed by the mass media and increasingly powerful internet.

Happily, spoken Scots remains irrepressible in the daily lives of the people. Our poets make full use of the additional riches of the Scottish vocabulary and idiom in their work and also demonstrate how adaptable the language is in dealing not only with the evergreen themes of love and loss, mortality, and nature, but contemporary issues. The Tian'anmen Square massacre, the Iraq War, and the Dunblane massacre are among the subjects treated with thoughtfulness and passion in the present collection.

The poets themselves demonstrate the democratic nature of the creative instinct among Scots folk, whether at home or as part of the world-wide Scottish diaspora. They include a former miner and psychiatric nurse, a North-Sea oil worker, a woman who achieved her university doctorate at the age of 78, a New England farmer of Scottish ancestry, as well as academics, teachers, students, and professional writers.

This widely-based response would no doubt have pleased James McCash, the founder of the annual competition. A Glasgow University trained engineer, he won in the 1970s a *Herald* poetry competition which had as its theme the Sir Walter Scott quotation, 'This is my own, my native land!' The competition was not specifically for poetry in Scots, but his winning entry used a modern interpretation of classical sixteenth-century Scots to admirable effect.

Subsequently Mr McCash gave a generous endowment to Glasgow University for the establishment of an annual Scots poetry competition. The competition received a new impetus and much enlarged entry when the university and *The Herald* newspaper agreed to run it jointly in 2003, since the Glasgow-based paper, through its terrestrial and online presence, has been able to publicise it globally.

The alliance has been a fruitful one, with the judging panels including the two official national poets, the late Edwin Morgan and Liz Lochhead, as well as Douglas Gifford, Emeritus Professor of Scottish Literature, and Nigel Leask, Regius Professor of English Language and Literature, at Glasgow University.

In some years a particular theme has been set: 'Heroes' in 2005 to mark the 700th anniversary of William Wallace's death; a reprise of 'This is my own, my native land!' on the 300th anniversary of the Treaty of Union of 1707; and 'Homecoming' in the official Homecoming year, 2009, coinciding with the 250th anniversary of Robert Burns's birth. In 2012, with the prospect of a referendum on independence for Scotland on the horizon, the theme was 'The Pleasures of Hope', recalling the title of a poem by Lord Byron's contemporary, Thomas Campbell.

Each theme was treated in a wide variety of ways, from the serious and sombre to the humorous and idiosyncratic. This was wholly welcome, since the judges have never wished to restrict poets to some limited, inward-looking view of themselves or their culture. Lively, open-minded, unprejudiced – these are the best qualities of the poets represented in this volume. We hope readers will enjoy their work as much as we have enjoyed choosing it.

Lesley Duncan,
Poetry Editor, The Herald
Alan Riach,
Professor of Scottish Literature, Glasgow University

Contents

2005 *27*

Heroes

Poet	Title	Prize	
Alan MacGillivray	Scotia's Hero	1st	28
Sheila Templeton	A Bonnie Fechter	2nd	29
Betty McKellar	Ane of the Glasgow Girls – Jessie M King	3rd	30
Mark Ryan Smith	nivir leet wee heroes	3rd	31
Peter Cameron	Coming out the Pictures		32
Peter Cameron	St Francis on a soor-milk cairt		33
William Dalgleish	See Yon Rab		34
Ann MacKinnon	Buckhind, Fife, 1941		35
Ken Sutherland	Tinto Hill Withoot Oxygen		36
Rab Wilson	An Innin Tae The Wark O Shelley		37

2006 *39*

Poet	Title	Prize	
Dilys Rose	Sailmaker's Palm	1st	40
Liz Niven	Eftir ye cam back fae Malawi	2nd	41
Sheila Templeton	Nae Answer	3rd	42
Sheena Blackhall	The Thorn Buss		43
Janice Johnston	Keppin' the Kye		44
Lesley Kelly	Seafarers		46
Julie McAnulty	The Cockle Pickers		47
David Nicol	A blether o geese		48
Niall O'Gallagher	Per Umbram		49
David Purves	Heid Bummers		51

Homecoming

The Pleasures of Hope

2003

Kite 5
Tian'anmen subway

Tak the Metro, he'd said, so,
lik mowdies,
we burrowed unner the city.

No a bat's in hell's chance
o reading the names.
Each stoap a Chinese puzzle,
fir us trappt in wir Roman alphabet.

Mandarin tonals chattered
a chorus we couldnae ken,
keekt wee glances at wir
white faces, grey herr, roon een;
Ilka bit that different fae
wir fella stravaigers

Gan oot at Tian'anmen Square
we blinkt in the smoorie licht.
A muckle sea of reid brick laid oot
like a welcoming cairpet.

Ayont the Square wir waas,
an the Gate o the Forbidden Citie,
an faur abuin it a michtie image
o Mao Tse Tung.

Aroon us, kites fleed lik sowels set free,
in shapes o eagles, dragons,
flown here bi adults an aw.
Fir here, lik puppetry in Eastern Europe,
this is a grown-up hobby,
Anither culture gap
we dinnae unnerstaun.

Kites an puppets
caught, trappt, manipulated.
Pouer an control

no able tae brak free,
deid if they did.

At the Gate tae the Forbidden Citie
stood wir son, safe, healthy, free.
Bit trappt in wir memories,
tanks still rolled in echty-nine,
the student aw his lane mowed doon,
the ootrage warld-wide.

We couldnae yet accept wir son's adoptit hame.
Fir noo, we hugged him
unner the Mao Tse Tung image,
thocht o anither mither,
no able tae dae this,
never able tae dae this.
Reid kites soared
intae a blue lift.

Liz Niven

Up Roystonhill

Up Roystonhill where the foxes cry
Rab Tam Toalie Millsie and Sky
Kings of the castle on the lookout
As grey girners girn and blackbirds shout
As the smirr comes on and the jackdaws gab
Sky Tam Toalie Millsie and Rab
Singing along in the snell half dark
As the vans ding dong and the wild dogs bark
As the lights come on and the hoolet kills
Sky Rab and Tam Toalie and Mills
Millsie Toalie Sky Rab and Tam
Keeking down on the traffic jam
Let wee minging moggies eat their ice cream
Young Tiny Mental Garngad Team

Rosaleen Orr

The Reek Gairden Ninewells

The pou o gravity; a braith o air.
The nicht shift saft-shae doun the corridor
laivin ahent the worries o the warld.

Ootside a fent haar hings abune the door,
doupies blume like weeds alow the saits
an Rizla packets flooer amang the girse.

The hospital is oot o bounds for them
that wants a fag. Reek spirls intae the blue.
The nurses hug their navy cardies tae
their kists, licht up an tak a drag.

A day patient fae Pulmonary Care
taks twa Embassy Regal – ane for the lung
that's left, the ither for the lung that's no.
Spent ash birls like deein thrissle heids.

A smirr o rain comes weepin doun the Carse.
The reid-eyed sun snooves in ahent a cloud
an like a puff o smoke, the fowk disperse.

Lydia Robb

Biggin

Comin owre the shooder o Lowther Hill
Ah cam across an auld dry stane dyker
Engrossed in the pursuance o his tred.
Nane o yer Goldsworthy flichts o fancy;
Plain, ordinary breid an butter work.
Ah noddit, an sat doon tae hae a drink,
He peyed me nae heed, didnae seem tae mind.
Intent, his practised ee weighed up each stane
Discardin yin, syne liftin anither
Lost in some unconscious arbitration.
Than purposefully placin it, in the
Only place whaur it could possibly go.
Tools tentlessly scattert, a paradox
Agane the pristine order in his wake,
Whilst chaos awaited his adroit hauns.
Liftin up ma bike, ah waved, an moved oan.

Then ah thocht hou sic-an-sae we baith wir;
Strivin tae fin exactly the richt words,
Discardin extraordinarily
Tautological loquaciousness,
Measurin each an evri sentence,
Contemplatin evri syllable,
Or wid a wee sma wurd fit jist the same?
Lost in some unconscious arbitration.
Then purposefully placin it, in the
Only place whaur it could possibly go.
The creation o order frae chaos.

Rab Wilson

Coronach – The Mither-Leid Dwynin Awa

(for Emma)

The whilly-lou cry o a lane whaup
Dackles the fit an stoun's the hert,
Gangin the darg-weary sel forrit,
But it's no' the oorie jaup
O a muirlan burd's sang gien stert
Til an outrant leuk o yirnin,
It's the eldritch thocht o yondmaist
Wrack, the mither tongue lang burriet,
An the unco pu' o Alba's leid-ghaist
Beikin abune a flyrin bane-coup
Whaur thrawn makars lie girnin!

Sam Gilliland

Cauf-grun

I ken whit wey this landskip fa's. I ken its banes,
limestane and cauldrife cley,
the pell o gress and windstrae streeked athort.

Bindlins, I could foretell
the wey yon beech-raw straigles intae trees,
the wey the park ca's under tae the burn,
the tint o the glaur at the gate-slap.

Shouder o distant hill ayont the knowe,
the watter's bite at the owerhang o the bank,
kent as the face o a sleepin bairn,
pu at ma hert.

Bring me a million mile and set me doon,
take aff the hoodwink: I will name tae you
the ferm cooried amang the pines,
beech-raw and burn and hill,
and point where Tintock Tap looms ower a.

Pat McIntosh

Trapped

E-mail me at home or on the rig ony day
mlrpmc@bp.com or crichton_ius@yahoo.co.uk
tell me whit yer daein, far yer gaein
tell me whit yer eatin, a yer haein
fits a daein, aw aboot the bairn
      A jined freens reunited, didna cost muckle much
noo ahm e-mailin abody n' onybody, folk a didna ever ken
an fold a widna want tae ken an folk a wish a didna ken.
It's good tae talk that's whit they say init
oot here we hae stop conversations every day
jist tae keep high heid yins aff yer back
pure pish waater but you dinna ken fit am oan aboot dae ye?   you dinna
      ken the crack.
That young loon ahm bunkert up wie was askin me aw aboot how to ski
whit fit fits whit ski says he, honest laugh a thought ah'd dee,
ahm serious says he how dae ye ken fit ski fits fit fit?
There wis tears runnin oot o ma een hen, hud tae throw him a deaffie ken
nae wunner they cry him furryboots, furryboots is this, furryboots is that
yabberin oan like a prat...but niver mind he disna snore an he disna fart
Ah kin live wie that...on this watery doorstane.
It's lonely here fur hauf the year...but you'll ken that.

Ian Crichton

Three Pairlaments

The Auld Pairlament Hoose

Here Embro's advocates compete ti shaw
The deiference atween Juistice an the Law.
Amang the busts o lang-deid Lords o Session,
They'll pruive ill-daers free o aw transgression;
Whaur aince oor leaders sweyed the nation's fate,
Whuther or no we'd stey a sovereign state.
Some did their best tae ser the common guid,
An some, for siller, did as they were bid.
Then Fletcher focht in vain on freedom's side,
Yet aw his tulyies coudnae turn the tide;
For sleekit statesmen then cam oot on tap
Wha thocht that Scotland's history soud stap.
But nou we ken, altho it's been gey lang,
Thon wasnae juist 'the en o an auld sang'.

The Temporar Pairlament Hoose

Here meenisters deplor the Kirk's decline
While faur awa their congregations dwine.
Whit yiss are aw their words o guid intent
Gin ti thir words the nation taks nae tent?
But in that ha, whaur elders wad assemble,
We noo see politeicians dissemble.
The memmers, tho they may debate for oors,
Cannae forget their want o muckle pooers.
The heid pynt, ilka pairty wad agree,
Is this ane: 'Dae A luik guid on TV?' –
The Sovereign People turn their heids awa,
An, gien the chice, wad raither watch fitba.
Sune, whan the Scottish Meenisters are gane,
Kirk meenisters will hae their ha agane.

The New Pairlament Hoose

Here, no lang syne, a brewery aince stude
Forenent the Palace o the Haly Rude.
Its graun successor, risin flair bi flair,
Is aye a brewery – ti brew het air;

Aneath a plaistic sheet the biggin's lost:
It hides the was, but cannae hide the cost.
This ferlie's fit ti vex oor Hielan seers –
A fell bleck hole whaur siller disappears.
For this mishanter creitics arenae blate
Ti blame the umwhile Secretar o State;
We maunnae wyte the deid for aw oor ills,
Yet wha can get a ghaist ti pey the bills?
Tho a guid price wad gie us some remeid,
Guid laws, made here, wad better ser oor need.

Kenneth Fraser

Seasons oan the Braes

Gow'n-gabbit lifts trig the Braes o' Gleniffer,
Whaur gimp gimmers graze in pale gowden sunlicht
An' quick swirls o' daffins
Prie, a' gawpen mou'd,
The bricht buds o' broom
That vizzied an' viewed
The gallant gleg gews o' SPRING's rainbow delicht.

Lav'rocks flaff ower the Braes o' Gleniffer,
Wi' wansonsy warbles, in clear skies abune
Ae faugh, flickterin' haar,
Hung like ae kirtle
Oan ripenin' corn-rigs
Wha's pickles fair birsel,
While wallachie-weits wheep in SIMMER's mid-June.

Rid sets the sun, 'hint the Braes o' Gleniffer,
'Mid bents fu' o' stibble, the hey-stooks staun stark,
Like black peaks o' Arran
Seen thro' the gloamin' –
Heich as the hooin'
O' geese in their homin'
Whan AUTUMN stamps a'thing wi' russet-broon mark.

White drifts o' snaw fleck the Braes o' Gleniffer.
Weird skirls the wind ower the muirlan' sae raw.
Frae weet dykes an' dauk knowes
Stroans the storm waater
Tae brim ilka sheugh
Wi' wild spairge an' splaater,
As grey WINTER glow'rs abune Stanely's bleak schaw!

Tom Gibson

The Bare Midriff

approachin Glesga
on the Stirlin train

it's hie June
an Scotia liggs afore me
sportin hir simmer duds
in new-farrant fashun

frae ma windae
a glisk aince mair
o' the Campsie Fells

suddenlie a clood shadow
traivels o'er the land
lik a caress,
an they fond hills
are luve haunles
on the bare midriff
o' ma countrie

Ken Sutherland

2004

Ariadne on Naxos

The threid that reeled him in has brocht
me oot – oot o' the nairra mask o'thirled
weys tae the clear licht o' day.

I spied him wi' the lassies, dandlin' them
on his knee, mou-mapplin' thir breists,
like the great bairn he is.
Braw suitor for the King's dochter!

But heroes ha'e thir uses. I 'ticed him
atween cauld stane wa's, doon an' doon
tae the centre o' my black dreid.

Derkness like midden reek, beast swite
an' bluid – ae stroke o' the bricht blade,
ae skirl tae split the wa's.
The beast wis deid.

Noo I sit here on Naxos, mangst myrtle
an' hinnied thyme, an' watch
his black sail slide awa doon
the sun's track tae the warld's end.

Barefit I'll gang my ain gait.
The hairst is come.   Frae maumie vines
wild music springs an' I wid learn
a new daunce.

Eunice Buchanan

New Hous

Inby, the gaslicht's aesome sang,
and its licht on the flouerie waa.
The snaw blaws by in yown-drift
wi the wind that garred it faa.

I grat for my Minnie fou an hour
til the snawy wind outby the hous;
and never a sound to sicker me –
scart o goloch, *skreek* o mous.

For the nicht sall aye hae owrance
and the day sall never daw.
Courie in, quo the winter wind,
the kindly wind, *Balou, balaw.*

Daylicht cam, a wark o wonder –
gowd and rose frae ilka airt;
in cauld and puir and winterness
the feck o sang maun stert.

Peter Cameron

Nicht Nurse

Hauf mune hingin in the lift, a forty watt bulb.
The auld wife's shallow braith flickers roon it,
A moth whirlin in the caunle licht.
Ain end maun cam, sune or late, an curb
Her pain. Our Jean saw The Cailleach, washin
A white sheet in the burn, turn frae plashin
Tae gie an ill look, sendin it this road.
Ah hae heard the Gabble Ratchet, the flyin toad,
Churr past the hoose end thae last twa nichts.
The seiven whustlers pee-hee yin anither,
'Juist whaups on the muir,'Ah tell the auld wife.
Lat her gang quiet; nae sic thing as a lich
Bird. Her fingers pluck the bed claes.'Mither,
Dinnae fecht it langer, lat go on life!'

Alistair MacDonald

Asure Day

On dais of schimmerand asure,
I mon yarne for the ane I lufe.

In the vaill quhair flouris blomyt,
Grein werily faidis intill broun.

And quhat sall we do fornent the snaw?
Quhat sall we do quhen spring cummis agane?

Ymagyne I de and yow indure!
Ymagyne yow de and I indure!

On dais of schimmerand asure,
I mon yarne for the ane I lufe.

Brent Hodgson

Author's Note
Based on 'Azure Day' by So Chong Ju.
Permission to use this poem from the book
Midang. The Early Lyrics of So Chong Ju, 1941-1960,
has been granted by Forest Books, London and Boston.

In praise o' big wimmin

Ca' oot yer skelfs o lassies wi dwaibly shins
Luved by they blatts that only bring them hairm;
Mairch next they tailored queans wi tan-straikit skins
Oot o ma sight – or, best, aff tae somewheres warm.
Gie me instead some fell stoot, sonsie gem –
Nane of yer skraichs, or smouts, peely-wally belles,
But hansellt wi flesh, an biggit like a hame,
Nae just the flash o some one-night hotel.
Claes that cascade ower bumps an curves an rolls,
Nae creeshy lard or cheesy cellulite,
But haunles, buttresses agin the winter's cauld,
Promisin fozie warmth in the bed at night.
Pink, fu o hert, an wholesome, roundit, complete;
Antithesis o faimisht, drouth or need.
Haunches, hips an breists nae just fu – replete,
Streitchmerks that sign the livin frae the deid!
Such wimmin mak a man seize the wealth in store;
Such wimmin keep thoughts o daith well ootside the door.

Robert Hume

Private Gentle

(Deed Iraq, June 2004)

At ower six fuit yer hert,
Micht hae beat in a pine tree,
Ye deed in Iraq blawn apairt,
Whiles Whitehaa mandarins socht WMD.

Somme, Goose Green an mair,
On mony a village or toun stane,
A nation still bottom o Europe's eco-stair,
As yer mither is wracked wi pain.

Nae chiel sent fae London toun,
A PM's son sent tae fecht,
A litmus test niver pit doun,
Huid up tae harsh daylicht.

Lik the best pub stories his muckle nieve,
Lik the closest family ye went in peace,
Lik the emptiness thae cannae believe,
Lik thaim we want murderin tae cease.

Throw politics and history aside
Excuse mere wirds intae a bleck well,
Jist A wid honour yer son Gentle
And tell.

Andrew McNeill

Glasgow Realdemotik

The wife's away fur the day wi' the parish tricoteuses.
Ah strickled doon fur the rolls an' the Record
An' Ind-de rigeur fur the Set'rday punter.
Pivo fur the gemme, ma usual Yankee;
An' a fiver oan Greece.   A sherp stab a Weltschmerz –
How come WE're no' ... N'importe.   Ah know how.
Cheese fur ma lunch, wi' Watson, then ower –
Nae Cowans (or Lallans), the daft vowel shifters,
As dodgy as 'Makar,' ersatz as a bing.

Efter the News Quiz Ah switched oan the video.
Then a wee read – Wittgenstein in Ireland.
Ah've naw haunle oan that guy – et nu'hin bit purritch;
Then Chandler, the gaffer, raconteur AND writer.

Pit thegither the soup fur the grandsons the night –
Chick pea an' ham, an' full breakfast kebabs.
Re-played jist the races, no' that galere a eejits.
Two wins oot a four: comme si, comme naw.
Later – eureka! Four hunner poun' richer!
Poor Figo.   Poor Motson.   But Ah couldnae avoid a
Wee tate Schadenfreude.

Kathleen O'Rourke

Author's Note
Yankee: bet combining 4 different horses in 4 different races
Watson: Jonathan Watson's Wind-Up, R Scotland, Sat noon
Cowan: Tam Cowan, Off the Ball, R Scotland, Sat 12.30
News Quiz, R4, Sat 12.30
Wittgenstein in Ireland – Richard Wall (pub Reaktion 2000)
Channel 4 Racing, Sat aft
Figo: Portugal, captain
Motson: BBC1, Sport

Hairst Meen

Sleekit stoats, we slippet ower i dyke
through coorse thistles, reeshlin stalks.
Boo't twa-faal lik half shut knives, mowdied
a labyrinth far nae minotaur cud roar,
nae hostages be sacrificed fur ony king.
A warld o whisperin paths, swirlin
in still green corn, far we jinket and ran,
caa'd wirsels deen, sprauchlin lik pups
in beaten halla chaumers, breathin
in each ithers hert hemmer, fyle
i hairst meen's wyme swalled gowd
through lang licht nichts.   Ontil
i corn wis ready fir cutting and bindin
and biggin intil glitterin stooks.   Ontil
i clatterin combine chased aabody
oot, doon ti i hinmaist squaar heezen
wi little herts, lugs pented flat,
ready ti rin fir life itsell.   Ontil
i stooks stood sillered, leeful-leen,
ooner i licht i sich a different meen.

Sheila Templeton

Dumfounert Wi Wunner

They taen the Kelloholm weans doun the street,
Twa, three wee anes frae the Nursery Schuil,
A jaunt tae the shops, social learnin skills,
Wi mibbes ice-cream thrown in fir a treat.
Ower the brig, across the swollen Nith,
'Keep in you pair, mind haud each ither's hauns!'
Wide-eyed the weans tak in the warld's oan-gauns;
Ane spys some men wha're thrang up oan a ruif,
An innocently daels her Joker caird,
Lik a fledglin bird bent oan kenning why,
She luiks up an she speirs 'Miss, whit's gaun oan?'
Distrackitly, her teacher maks repone:
'Ah dout they must be pittin up the "SKY".'
Dumfounert wi wunner, the wean juist stared.

Rab Wilson

Inspecting a Preserved Brain

Liftit oot ae its formalin pool
This miracle ae the lobes an fissures
A grey Astrakhan bunnet
That sits inside the heid, no oan tap ae it
But whose heid hud this wan?
Who wore these pickled thoats?
Alas, pair whoever, Ah nivir knew ye

Yase a microscope
Get wee, get right inside
Cells, stained wi silver mind ye, show a daurk forest
Branches touchin an touchin
Touchin mair times than can be imagined
Aw the connections made alive
By the secret bletherins ae chemicals
That croass the gap an light the fire

This is whaur we ur, whaur we really live
This bit moves us, this bit lets us feel
This is whaur we fear, we hate, we love, we greet,
We hope, we sing, we dance, we hurt, we talk, we hear,
And we wunner

And this bit,
Planked right at the back, nae bigger than an egg,
Here is whaur, when we lift oor een tae the crystal night,
The hale ae creation is contained
Aw ae it
In here

Les Wood

2005

Scotia's Hero

Gret *Wallace*, hero ye maun be to those
Quha think oure lichtlie o thir landis fame,
Greitan lyk bairnis to think hou *Scotlandis* foes
Thy giantis bodie cruellie did maim
And caa it tressoune to proude *Edwardis* name
That ye to keip your countree puir and free
Did cause gret strife and bluidie *English* shame.
Yet hero, martir, are ye nane to me.
Had ye but gien *Plantagenet* the knee
And hailed him *Scotlandis* prince and richtfu lord,
Than had there been a *British* reaulme to see
Thrie hunder year afore my kingly sword.
Than wald baith landis ha seen the blyssins poure
Fra ferrest *Orknays* to the *Scilly* shore.

Thairfor I claim your title as my ain,
Me, *Jamy Stewart,* saxt and first by richt,
Hero for this newe age, regnand by my pen,
Spreidin threwch time to come baith leir and licht.
First I bequeathe to alle this nobill sicht,
Britain united, free fram auld disdains;
The neist, my plan for *Scripture* scrievit bricht,
Ane tung for *Scottis* and *Suddrons* baith at anis;
And last, to spite the cateran *Irishe* trains,
A godlie *Scottis* plantation in the *North*.
Thrie recipes to ease aa social paines,
And fetch *Fortunas* happie sperritis forth.
Thus, *Wallace, Time* dissolves your martial rage
And crounes me Makar o the Future Age.

> **James Stewart**
> **King of England and of Scots,**
> soi-disant **King of Great Britain.**
> **1605.**

Alan MacGillivray

A Bonnie Fechter

That winter, snaw flew its feathers thick
smoorichin the hale Rannoch Moor.
I thocht the warld wud be white for iver.
Danny the Keeper said the stags
wud have tae come doon,
else they'd sterve tae death.

We'd niver seen red deer afore.
But these beasts wernae ony shade o red.
Ivery day as the licht hid ahint the Black Mounth,
they floated ower the high fence at the side o the line,
sepia angels biggen a brig ower cloudy drifts
against a grape slate sky. I thocht their hooves
could niver touch the grun,

until the day we heard a scraping
ootside the kitchen door. He was big.
His antlers telt a lang story, a hero's story,
of territory defended and hinds protected.
He eased back a bittie, but didnae flee.
At my mither's nod, I threw the tattie peelings
scudding intae the kirned up khaki snaw.

And waited and watched while he took his time,
his fine big heid lowered wi nae loss o dignity.
And so he lat me feed him ivery day, as the licht
left the sky. Nae to touch or stroke, but he'd lat me
look intae his een and watch him,

until the day he didnae come. The day I looked
and shouted and poked aboot the frosty dyke.
But nae use. My pail o slippy tattie parings frozen
in the night where I'd left it. I splashed bilin water
tae saften it for him. But nae sign. Winter gnawed on,

until Danny the Keeper said ower a nip and a fag
'Thon's a grand auld beast deid doon by the burn.
Funny that. How they hide awa, when they ken
it's their time. Like an auld war hero. Like ony
bonnie fechter fan he kens his time is up.'

Sheila Templeton

Ane o The Glasgow Girls – Jessie M King

She wrocht in magic.
When she was but a bairn
the elfin fowk had touched her een
so she could get a glisk o Faerie warlds and hae the sicht
and they touched her hert so she could feel the wunner
and they touched her fingur-tips wi the glamour-gift
so she could pent.

She gied us faerie leddies
fit tae turn a puddock tae a prince,
slips o weemen lichtsome as the lily
wi gowan glintin aroon them
wraith weemen, shilpit shadow-shape weemen
in gouns that trailed like mouse-web lace
ower paper
for e'en the pen-picturs sheened siller.
Her gairdens had chrysanthemums o gowd wi tulip leaves
tulip blumes chrysanthemum leaves in place
fauns and white unicorns were beasts frae oot an elf-ring race,
Kilmeny walkit in amang them
Scheherezade
Morgiana
and mony the braw rid rose o a Princess
for this was the Faerie Countree ...

A plain wee lass in a tenement
in a dreich grey city
opened a book
and gaed in.

Betty McKellar

nivir leet wee heroes

eence,
afore I beekam
me,
I towt dt
heroes
wir joost fairlee d ting:
gret munsters o fauk
dt seemed sik an aafil syz,
dt ey heid sumthin t say
nivir lost fur words,
weel likkit,
ert kent,
an
sik a skurt foo u yun ting
caad confeedince.
men I gret at,
as a bairn,
summeen wraut ee tym.

but noo,
noo whin I see sum o yun eenz,
dir nithin idir az auneebudee
els.

naa, I nivir leet mukl aboot heroes noo.
fur whit maaks sumeen sae fer abuin
aunee idir baudee?
naa. joost cuz sumeen is upu d
tee vee, ur
hiz dir piktir i d pipr, ur sum sheeny magazeen,
hiz dir wirds set doon itae a book,
ur ir happint t fin dir wy t d
tap u d charts,
dir nithin heroic aboot dm.
dae bee damned.

nivir leet wee heroes,
cuz waance doo hiz dy own
gadaree o lyfs bruck i dee ers paukit,
yun fauk nivir seem sae mukl
aunee mair.

Mark Ryan Smith

Coming out the Pictures

Newtongrange, 1946

Pit bings and puirtith,
wat and dreichsome days;
cauld and hungert Nitten –
parritch and auld claes.

The sunny trails o Abilene
sae far frae Scotland's wars;
the Ringo Kid in Lordsburg,
Quantrill's raids and Wyatt's splores!

O gin I woned in America
I'd kenna want or grief;
a forpit o winter tatties
and the Store's corned beef.

O gin I woned in America
wi her stooks o sunny corn;
big John Wayne for my best pal –
I'll traivel there the morn.

The rain faas cauld on Nitten,
dreich and gray on ilka hand.
West o the Pecos river
there lies a gowden land.

Peter Cameron

St Francis on a soor-milk cairt

Wi twa flytins frae my Minnie

My chicken-hertit faither!   List ye –
fleechin cats purr til your side;
sangless speugs sing sweetly til ye;
past ocht anse, lat this abide.

Aa the raw in destitution,
no a half-loaf in the hous!
Ye aye hae saumon for a poussie –
aye the picken for a mous!

Hirplin, sair, negleckit, hurtit;
waffie and the wandert tae;
shilpet bairns wi impetigo –
the saftest hert the cauldest day.

Thae gutrel, denty-gabbit dugs!
Ilk bucket-raikin, fykie cat!
Hell mend the haill o bruit creation!
Scat, ye messan, scat!

My faither and his horse Majestic –
St Francis on a soor-milk cairt.
Ye'll ne'er saut kail or parritch
wi yon sappy-doddy hert!

Peter Cameron

See Yon Rab

See yon Rab, he's no hauf stertit somethin'
Here's me tryin' tae get the granweans tae speik nice
An' whit happins? They're lookin' ower ma shooder
As a'm readin' a poem that's in yin o they posh papers
Whit dae they see? Words a've been tellin' them
That are words they really shouldnae be usin'
And as fur that Lesley Duncan
She jist as bad, encouragin' the likes o him
Tae send in that kin o stuff tae her McCash competition
Wis it MacGrieve yon Langholm cheil
As William Neill cries him, that said
Deavin fowk's lugs wi Scots
Ye should speak Standard Panloaf English
Dinna try thaim wi aa yon lug fanklin lots

Maist o ma pals speak like that Granpa
An' some o the teachers dae tae
So how's it no nice Ganpa?
Well because...because...a say so what's why
But you've jist done it Granpa
Done what? Said a instead o I
An' a saw it in that paper ye've got Granpa
Well they papers shouldnae be printin' the likes o that
Why no Granpa? Because a say so that's why
But ye've done it again Granpa...
See yon Rab, a never yeest tae read they poems
Him and his Scots rime
He's no hauf stertit somethin'

William Dalgleish

Buckhind, Fife, 1941

They cawed him a conshie couardie
and turnt stane cald stares on him.
He wisnae jyled fur he wis a smithie.

Wan day he cam hame fell quait
And ett his meat, glowering at naithin.
Then he went oot intae the gairden
tae howk ower a cley bit grund.
Each dirl of that grape intae stanes
wis like the soond o' daith.

We didnae ken till ahin-haun
that he had gethered bits o' bairns'
boadies frae the seashore that day.
They had poued a mine fae the watter
and careous as the halflin aye are,
brodded and progged it till it flisted.

The conshie couardie had tae redd up
the sindered spauls and clauts o' flesh
and came hame without a word.

Ann MacKinnon

Tinto Hill Withoot Oxygen

Thon's ma ain flag
Snappin awa brawly
On tap o' Tinto Hill

Whaur Messner himsel
(The grand exemplar)
Hasna set his fuit.

Ahm a great believer
In aye pushin masel
Tae ma verra leemit,

That's why ahm here
This six month, i Zermatt
Ablow the Eiger

Puttin in ma trainin
Fur the north face
O' Largo Law.

Ken Sutherland

An Innin Tae The Wark O Shelley

Faither conducted the village Brass Baun,
Twa nichts a week, in the local Toun Hall.
At the hauf-time brek us young anes wid trawl
Labyrinthine rooms, whaur the sun nevir shone,
In howps tae unearth some mythical hoard,
But disappyntment dealt us dael-a-haet;
Auld ledgers in haund-written copperplate,
Shelves stapt wi bygone lives, oor just reward!
Till ae room yieldit up its saicret prize;
A stour-cled muckle portrait, tall's masel,
An starin frae it wi a haughty mien
A stern auld man whaes chain o oaffice gleamt.
Whan faither cam tae see, he stared, then yellt –
'Ozymandias! Thon's a braw disguise!'

Rab Wilson

2006

Sailmaker's Palm

Fan he'd tak aff the palm, his haun wis saft
n'pale as a scallop. A big man, plain as a sail,
slow ti shift, but fan change blawed its gale
aboot the hoose, he widna shy fi it.
Cookin wis never his forte but we hud ti eat,
n'he kenned a boy on the boats wha wis aye
gien him bits o fish he couldnae refuse
n'efter a while he could rustle up a dish or twa.
Nae fancy stuff, tatties'n peas on the side.
Talk? He wisna a man for talk. Ah'd listen
ti the radio, stick in at the schoolwork.
Nae use there, he'd say'n stare at his hauns,
his big pale hauns, beached on his knees.
Ah'm nae use wi books. He'd rouse hissel
ti search for the scissors, the needle'n threid,
cursin softly unner his braith fit wey things
aye gang AWOL fan yi need them maist.
Then he'd tak up the claith, cradle it
lik a bairnie or a fish, fathom its wacht.
He'd sip on a dram, n'tilt his worklamp
till the licht shone ower the seersucker
prented wi bluebells'n cornflooers.
He'd cut, sip, stare at the black sea'n sew
a new pair o breeks for his mitherless quine.

Dilys Rose

Efter ye cam back fae Malawi

Efter ye cam back fae Malawi,
A kent mair aboot thon muckle lan o
bens, lochs an singin folk,
the warm hairt o Africa.

A kent that elephants jist see black an white,
thir is a derk side tae hippos,
that crocodiles wir gliskin by yer boat.
Wimmen cairry caur batteries
oan thir heids lik bunnets.
That muckle oan thir heids,
the world oan thir shouders.

A kent aboot the potter, dauncin by his table o pots.
Aids orphanage boays wi black smilin faces,
whae mimed an daunced,
Sang, here we dig graves for our mothers,
Bury her in the soil, sing her spirit to Heaven.

A kent aboot the scuil wi nae winnocks or lichts,
twa thoosan weans, an this rule fir the maisters
Arrive early, ye'll get a plastic chair,
arrive ower early an gaither leafs
tae redd oot the cludgies.

Efter ye cam back fae Malawi,
ye gied me widden bangles
carved intae lik the kintra ye'd seen
British, French, Belgian, Dutch.

Efter ye cam back fae Malawi,
the dry cleanin lassie said
aboot yer jaiket cuffs,
reid edged wi desert saun,
this'll mibbe be indelible.
An A kent she wis richt.

Efter ye cam back fae Malawi,
A wunnert, as we lay thegither
in wir clean bricht hame,
hoo much is a mishanter o birth.

Liz Niven

Nae Answer

It didnae feel richt tae waak by,
tae leave it gleamin in the loam.
I kent it wis his. The hand
wis anither maitter aa thegither.
Gowsty starfish fingers beached
on glaur lik aa the rest. But aat ring,
it wis his. The eagle, raised prood.
Jist a bittie chip aff ae wing. Scratted
ma hand, thon nicht, faan stars exploded
in frosty peace. An we daured look up.
Kicked a cloutie ba ower mune hard grun.
I gied him a Woodbine an lichted it. Danke.
'Danke.' That's fit he said. I unnersteed.
Shook hands. An wissed each ither
a Gweed Eel. His ring felt wachty, barked
ma knuckle, drew bleed. Faan I jumped back,
he laached oot loud, pynted oot i roch bit.
I think he said his mither gave it him.
He marked oot 17 in the grun atween us
and smiled at me under oor stars.
I knelt aside his puir syped een
an couldnae leuk, as I squeezed it free.
It didnae seem richt.

Sheila Templeton

The Thorn Buss

The Brus lies in Dunfermline kirk
Rowed in a claith o gowd
Lord Elgin's merble at his heid
A King frae tap tae shroud.

Ootby, a wizzened thorn buss
Leans ower an unmerked grave
The lass that bore the Wallace
Lies forgotten wi the lave.

The breist-milk o the mither wolf
Gaed Rome its virr an pouer
The seedbed o Scots liberty
Lies hummle in thon stoor.

The Brus lies in Dunfermline kirk
Braw kist wi braiss plate tapped
The thorn buss stauns ower Freedom's dam
Her heid's wi green girse happed.

Sheena Blackhall

Keppin' The Kye

A kep the kye nicht an' mornin'
Same as ma mither and grandmither afore me.
A hunner black and white Holsteins
lumber up the road, snuffling the air.
They ken fine where tae turn,
a'm there to make the drivers stoap
an' see their milk in the raw,
no' sittin' oan supermarket shelves
in plastic boattles.

Grandmither cairit a widden pail
and three-leggit stool
Tae milk her seven coos.
Head against the warm flank
Drawing milk fae each quarter
While the coo chowed her cud.
Gran teemed the milk intae churns,
An' took it tae the station wi' pony and cairt.
for the folk in Glesga's parritch.

A kep the kye nicht an' mornin'
Same as ma mither and grandmither afore me.
They keppit Ayrshires –
Mither tied her fifty kye in a byre
Horns rattlin' chains as they waited for their feed.
She heftit milking machines
squeezin' atween twa beasts
tae put the machine on the udder,
pipes an' suction daein' a' the rest.

A kep the kye nicht an' mornin',
And in atween a sort oot the paperwork.
Passports and forms, records and tags,
Each beast's every breath fae birth tae death
A' laid oot in order,
for the Department men tae check.
Mair coos, mair paperwork, mair bureaucracy
Supermarkets dictating higher quality for less money,
Savings for the customer, but no' a living for us.

A kep the kye nicht an' mornin'
Same as ma mither and grandmither afore me.

But no' for much longer.

Janice Johnston

Seafarers

We didnae choose the sea.
We wis fairmin folk, an prood o it.
But ye cannae coax life oot o deid earth
so we flitted tae the Port, an learnt tae like it.
Old Tam aye had an eye fir the main chance,
an soon he's got ten navvies tae a room,
wi twa meals a day, an he's cawen it a boardin hoose,
wi the neebors cryin him ower the roughness o his patrons.

We didnae choose the sea,
but a man cannae live by enterprise alane,
an Tam's laddie's gone fir a sailor,
chasin whales round yon Falkland Isles,
afore landin a job at the Seaman's Mission.
His laddies are baith cawed tae the Merchant Navy,
yin sailin Sooth, the other yin North,
baith tae fight an Englishman's war.

We didnae choose the sea,
but then we didnae choose much,
swimmin in the riptide o famine an war
wi only whisky an Stella Maris as wir anchor.

Lesley Kelly

The Cockle Pickers

We kent we'd niver leive.
Puirtith an promise o gowd had brocht us here;
We'd be a scant whiles slaves in strangers' fields,
Then hame across the China sea tae live as kings amangst oor ain.
Whit fules we were. Oor maisters' een, as toom as the clang o sea agin rock
Gave that hope the lee. Like kye we were led oot
Tae work the cockle beds o Morecombe Bay;
A dreich an dreary stretch o sands, an aa the mair because it wisna oors,
No' oor lan. Na, this lan didna luv us, nor its fowk;
they watched in dourness as us incummers strippit the sea o its fruit,
Takin their livin fur a pittance. But mair than that; they luikit at us
Like we were fey; ye couldna tak mair than ye suld and no expect
The sea to tak it back. An so it came oor maisters' greed wis oor undoin.

Oot we'd been sent, intil a storm; sik an eldritch wind that skrekit roun
Scourin the sand agin us. We strugglit oan, the sea at oor feet, movin,
        movin,
Oor skin fleggit raw and crakit wi salt. Ae cried that we suld leive,
But naebody heeded; up an doun we gaed, the sea's wersh kiss upon
        oor lips,
Til aa at aince the waters rose and swept us frae the sands.
We caa'd fur help but caa'd in vain;
Aa roun the bay the din o drownin men went up, but naethin culd bide
the anger o the sea. Ane by ane the cries grew quiet;
Forsuik by oor ain, whom we forsuik,
Forsuik by the stranger, whose gowd we tuik,
Forsuik by that carlin, the sea.

Julie MacAnulty

A blether o geese

Cauld mud in the Solway by Nith an
reeds are reeshlin
in their beds.

A blether o geese flees frae the settin sun
for saut marsh roost
at Caerlaverock.

The pattern they form in the lift is mair
a rag taggle than
orderly vee.

They are noisily beatin their heavy
wings an honkin
amang theirsels.

But ayont aa their leg-ringit stravaigin
wha could find ony
sense in that claik?

Now day is dousin, the sun's low uplightin
dark cloods abune
grey Criffel.

Somewhair in the night a lanesome
sea pyot whustles
wheep wheep.

David Nicol

Per Umbram

Ibant obscuri sola sub nocte per umbram
perque domos Ditis uacuas et inania regne ...
                    VIRGIL

Efter at lest I was lowsed I wandered my wey til the Subway,
foutered around for the ticket I thocht that I'd left in my jaiket,
thinkin it lost I looked up an saw somebody walk through the turnstyle.

Catchin my ee she cam ower an said, 'hae my ticket, I'm finished'.
Takin the ticket I thanked her an walked doun the stair til the platform,
saw the train breenge through the tunnel. It stapped, the doors opened,
I walked ben.

Sune as the doors closed ahint me, I felt the train-wheels stert to
        thunder.
Wind whistled round me, it wailed an it wheeched as I gaed for the
        haundrail.
Syne the wind sterted to wheesht sae I brushed mysel doun an then
        looked round,

gawked about glaikitly, couldna believe what I saw wi my ain een:
Naebody was there on the train binna ane ither man at the faur end.
I looked at him an was feart when I saw my ain face starin richt back.

Stertin to open my mou I was hushed by that passenger's raised haund:
'I am the man that turned left at the tap o the stair whan you turned
        richt,
mine is the life that you tint whan that ticket took you through the
        turnstyle.

At the neist stap I'll walk out through thir train doors an you'll no can
        follow.
Whan the stap came the doors opened an I ran to follow him through
        thaim.
Trippin afore I could reach him, the doors closed an syne the train sped
        aff.

At the neist stap the doors opened, I looked out, stepped ontil the
      platform,
looked aa around for the stair that wad tak me back up til the turnstyle.
Naebody else stuid on the platform but somebody wearin the same
      claes.

Gleyin at him, I could hear in the distance the sound o the neist train.
Twa sets o doors opened whan that train finally stapped at the platform,
he looked at me, I looked back, he stayed still, I turned round an syne
      walked ben.

Niall O'Gallagher

Heid Bummers

Ah uist ti wunner whit thay war lyke,
the heid bummers o the auld warld:
Methuselah wi his weill-aerned pension,
Noah in his mukkil floatin byre,
Joseph wi his tertan coatie,
Tiglath Pileser an bauld Hannibal,
no ti speak o his frein, Ashurbanipal,
a politeician frae lang, langsyne
that beirit monie fowk alive
an keepit a puir stervin lion
aye hunkert in a tottie coop,
ti kill it whan thay lat it oot,
ti shaw hou strang a keing
he wes, til aw his lael fowk.
Sae up wi yeir glesses til Ashurbanipal!
Wi him Ah'm shuir we aw walk tall.

*   *   *

An whan Ah cuist ma een asklent
thir days, Ah ken sic maisters weill.
Thay haurlie seem that different!

David Purves

2007

My Land

Plays meltin slow airs oan the fiddle. Gars me greet.
Struts like naebody else. The kilt wis invented for struttin.
And struts darkly wi white gloves and orange sashes.

Has lochs lying aboot Ayrshire like sma cups
o watter held in ribbed broon corduroy hills.

And licht sillered ower the Firth o Clyde
ice skimmings in simmer time, wrinkled
like a saucer o new jam pushed wi a finger
tae test for setting.

Leaves sic a sweetness oan my tongue
of dusk pink colour sookit dry each simmer.

And minds the sharp smell o blackened neepie lantern
chipped awa sae patiently, my faither sitting by the Tilly lamp.

Draws skeins o geese tae wild grey lochs,
arrowing oor Northern winter skies.

Has a squint smile, no brimmin wi confidence,
tho teems wi heroes, sung and unsung.

Can niver say 'I love you,' but hugs me,
awkward and fierce. Gies me a bosie.

Sheila Templeton

The Swallow

Abuin the sklentan loch
geese cowp caicklin
like fenyeit friars.

A bluidy speug?
Cauld as a nail, a robin
chirts his doulsome tale.

Twaa schauchlin neds
in Crombie coats
corbie a muckle sang.

The stervlin buzzard
wires intil the pink guts
o the blackie's bairn.

Kirkyirthlie a heron
goaves at daith,
dreich in his dreep manse.

Jocks o the Commonweill
kick up a stoushie, derned
in the hedgeraw paurliement.

Throu thir smaa days
o the lourdlie seasoun –
the heeze fae a glisk o wings!

I'm lippent til the scraigh
ben ma lug, the wheeple
o the preiching buird.

William Hershaw

ryan's auld man's oot o saughton

e's back hame

ryan...?
e's gled tae see 'im

noo e can tell
ony smairt-erse
comin throu the broadwey
e can tell'm
e's da's at hame

aye...
e can tell'm that

e's da's
makin e's ma
cook scran noo

ryan's eatin better
that's guid

oh, shair...
e's auld man skelps
'im aboot a bit

ryan can tak it

in't that the wey
it's s'posed tae be?

that kin o stuff
juist maks ryan harder

ryan waants tae bi hard
juist lik e's auld man

in't that the wey
e's s'posed tae be ...

juist lik e's auld man?

ryan's auld man's oot o saughton...
e's gled tae huv e's auld man hame

Andrew McCallum

Erza van

Gie us twa sing'le nuggets
an' a wee pokey hat
an' a daud o' yon tablet an' a'
If ye fling in thon blackjacks
an' a couple o' shrimps
frae the penny-tray, that'll be braw.
Haud oan, wait till ah think,
ah'm pure needin' a drink,
haun' me doon a wee bottle o' ginger.
Better make it a crate,
ah've a ferr thurst tae slate
an' ma auld man's
an irn bru binger.

Ah'm no' doin' too well
wi' ma nicotinell
so ah'll hae twenty filter-tip Regal
an' a multipack size
o' thae Fisherman's Freends
tae disguise that ah bark like a beagle.
Noo, ah hope ye've goat change
as ma feet's got the mange
staunin' baffie-shod here in the dreich.
Though yer ain must be throbbin'
wi' embarrassment, robbin'
yer mammy,
ya greedy wee keech!

Pamela Hughes-Wilson

In The Mearns

"For I have felt a presence that disturbs me
with the joy of elevated thoughts"   Wordsworth

A dreich, sma-weet mornin
on e road ti Auchenblae,
siller glint o sheughs wi waater,
runklt haughs, greenish grey:
black nowt, queet deep in yalla gowans,
chaa'in e maamsie green girss,
a lochan wi a hyaavie yim
an a wymfu lowrin lift.

An suddentie, e lift is rivven,
a skelf o blue braks throu,
sun poors throu e mirky cloods
an aathins chynged for noo:
hivven itsel his faa'n doon ti earth –
or mibbe, it's jist reflectit –
sheughs, haughs, parks wi nowt
lie buskit in gowden licht.

A poem lang forgotten
comes furrit ti ma mind:
I hear e dominie reading it,
it meeved me even then,
an *noo* I ken fit it's sayin.

Mary Johnston

Labourer

hammurs   nails
hammurs   nails
hammurs   nails

heh Casey
did a tell ye a goat
a couple a poems published
whidisthatmean
whidayyemean
disthatmeanyegetmoneyfurrit
eh naw
aw right

hammurs   nails
hammurs   nails
hammurs   nails

William Letford

The Rev Robert Walker

You leukin at me Jimmy?
Tell ye this, ye'r no the first the day.
I've tholed them aa; schuil bairns, mithers, faithers
an a wheen o gowpin furriners forbye.

Och, keep yer heid doun, here's anither thrang
o Embra sweetie-wifies, fu a claik.
Ane thinks I maun hae been a prideful chiel,
ithers see a twinkle in ma ee.

Leuk at thae pokes o gee-gaws on their airms.
I dinna ken whit pleisures they cud gie.
I'm wearied skytin up yon flashy gravats
an roun thae plastic mats an whigmaleeries.

Tosht up in bleck fae fuit tae jaunty hat,
I'm up there wi the best o them I hear.
God only kens it's fell sair on the hurdies
haudin this pose a puckle hunner year.

Thon sae-cried experts wheenge, they're fair bamboozled.
They'll hae puir Raeburn birlin in his lair.
Gin I cud speak, I'd pit them in the pictur.
I tap ma neb – they'll get it wrang for shair.

Lydia Robb

Glasgow Airport

Breathes there the man with soul so dead ...

Nae doubt about it pal – no any mair.
No wi the front ae Glasgow airport burst open by a blazin jeep
an petrol flames stull burnin in a soakin Scottish street.
Ur rain-slick tarmac shows us the reflectit scene an shivers –
but whit dae we see ae oursels the day in its swirlin, swith'rin mirror?

Ah mean imagine it – the car crashin through the crumplin doors
an as the engine revs an the burnin wheels spin
ye realise that this is nae accident – that the boattle
chucked oot the passenger windae's stuffed wi a rag, is alight –

and then the panic as he tries to force the boot, this spectur
who's noo staggerin ower the terminal towards ye
wi his claes burnt aff his boady, his herr oan fire,
a pitiless emissary ae some new hell,
dread ae aw they sweatin nights made flesh:

ev'ry step he takes seems tae bring dark watter
roarin in aboot ye an yir droonin
droonin
sure yir dyin
but then the furst man comes through it.

Brekkin the surface ae that dread, he tastes the air again
an starts gaspin, fullin his lungs wae it, energy, life –
an then, realisin fear hasnae pit an end tae him, or anyb'dy,
he steps away fae the rest; knocks the nightmare tae the deck.

An when he looks up fae the smoulderin boady, stull pantin,
he turns tae the others: wahntin mair than anyhin tae show thum
whit remains standin, uneroded, as the mingin watter recedes.
This is whit it is tae be Glasgow, he says, this is Scotland –

an though in the woundit doorway the wheels continue
tae burl, continue tae burn, thull find nae traction here.

Michael Stephenson

Last Train to Ayr Saturday 24th March 2007

[Today's Football Result: Scotland 2, Georgia 1]

Nae space. The ticket attendant oot o his train, rinnin
up and doon Platform 13 pushin in ivery big belly
he can reach, so the doors'll close. Inside, ivery atom,
ivery molecule o oxygen needed for the singin.
The roar fae deep down in the belly.
'Prood Edward's army' sent hamewards that often
they must be birlin, thir heids spinnin.
Nae sooner are they hame than they've tae dae it a ower again.

This train is shakin apart wi the stompin.
Kilts shimmer and sway, nae room tae strut.
Windaes draped in gowden glory o Lion Rampant.
Some guerrillas sport cocky stetsons, Saltire blazoned.
Sound gaithers like a rollin wave deep in the gut,
then crashes oan oor heids.   The noise is burstin ma eardrums.

Wimmen keep their eyes doon, fearfu.
Best tae sit sma, catch naebody's glance.

A wee wife bound for Prestwick International Airport
gets pulled in through the door at Paisley Gilmore St
and pops out the ither end, through the tunnel
o legs an airms, her suitcase rolling ahint her like a pony.

We dinna look at her either. Eyes still lookin at the flair.
For fear o the things that happen when men and drink
get thegither. But then, a maist mysterious thing happens.
Wimmen start tae peek oot fae unnerneath hair fringes,
coat collars. Sideways glances, jist tae mak sure.
Then gradually shooders cam doon. Chins come up.
Sisters, we're in nae danger here. We could bare breists,
shimmy bare nakit oan the tables. They dinna ken we exist!

And we catch each others' glance and smile and smile mair,
then laugh oot lood. Because it wis a stoater o a result.

Sheila Templeton

Gleniffer Braes

Donnerin high, in the fitsteps ae Tannahill,
The wind still blawin keen and razor-raw,
Dugs wi their walkers fur passin company,
Ah luk oot ower the hale valley flair.
Hingin abuin me, Vorlich, Narnain and Lomond,
Distant cloods wait tae unload their snaw
Oan the toon that sits aneath,
Somewey mair limn than real.

But here, hidden by a shaw ae thicket and thoarn,
A crag, shattered and mirled,
Fae whaur ma fingers prise slivert shards
Ae haurdened antediluvian glaur,
And reveal, tae the first leevin boady tae see,
Twinty mile or mair fae the hurlin waves,
A *shell*, whaur nane should be.

Ah feel the wecht ae time press doon,
And each day shoarter than the yins afore.

Les Wood

2008

The Lambs

Weeks eftir the atrocity itsel,
When aince the service in the kirk hud skailed,
An left us 'not another tear to shed,'
Ah cycled oot alang ma usual route.
Criss-crossin thon twa brigs that span the Nith,
A snell wuin blawin throu skeletal trees,
Whiles tryin tae dispel thon ugsome grue,
That lately sae wis etcht upo ma mind;
The dreid o parents rushin tae the schuil,
Thae anguisht cries at the gymnasium,
O thaim whaes lives hud juist bin torn apairt.
Thon lass at wark, wha tell't us her seeck joke –
'No!' ah said, ma haund raised tae admonish –
Then walkt awa.   Ah couldnae bear tae hear.
The day wis cauld, sae cauld, air burnt ma lungs,
Grey clood hapt ower the taps o snaw cled hills.
Approachin nou the straicht afore South Mains,
When, faur aheid, some muivement claucht ma een,
And suin, abune the wuin, ah heard the skirl
That weirdlie won oot frae the distant flock,
Relentlessly advancin doun the road.
Ahint thaim cam a shepherd, oan his quad,
An, dairtin at their heels, his collie dowg.
Their skraich grew, exponential decibels,
Until their bleatin fillt the air, lik screams.
Lambs brent new separated frae their dams,
Descendin frae heich pastures they hud shared.
Transfixed, ah haltit, ruitit tae the spot,
A grim realisation at aince dawned,
Whilst roond me thrangt a woolly, writhin mass,
A dowie, sad, heirt-rendin leevin sea,
That seemt tae tak eternity tae pass,
Then, like some eldritch dwam, wis gane at last.
Ah noddit tae the Herd, but couldnae speik,
Then cycled oan, past buddin catkin trees,
Pale snawdraps, wanin nou, wha hung their heids,
An tried tae fuil masel wi knotless lees;
It wis the drivin sleet that blear't ma ee.

Rab Wilson

Screevins frae a Bothy in Maine

Oot ayont Lewis, ayont the last lintin wing-tip
o skirlin seabirds, careenin aff craigs
whaur dings doon the ruddy Western sun,
Oot ayont strath an glen, the Border's rollin hills,
Cap & Goon Toons & kenspeckle kirkyairds,
(Care-wairn & keekin thro lum-reek
ash o anthracite, orange pips an chippie-wraps),

Oot ayont Ayr, anely-kent port o farin
For forebears kythed, aye, & aince mair mislaid:
(Anither muddle amang the hantle
O 'Mester Robert Morrisons' on the leet ...)

West o Edin(burgh), but East o the wind –
scourit Nebraska plains, the Idaho cattle-range,
an Puget Sound's ain/ither Western Isles,
(Grossets in the kailyairds, rhodies on the braes),
Jiggin frae ane tae the neist, us unsettled settlers,
greetin gaberlunzies & sillerless sangsters seekin
Oor ain bit land:

Here, we upbigg the noo, we wabbit crofters,
Gowkin an pawky by turns,
Gang at it, ettlin, same as ilka Scot, dreyin oor ain weird on the wrang
        shore,
Jalousin some Grait Trowth
ayont the lint-dross, stanes an slaistered muck o History ...
Kythin oor native place wis nivir wrestit, an
Kythin oor anely hame's aye *here*:
The far-flung, sky-boundit ruim
O the hale blessit yirth.

Holly Morrison

canis lupus

whitiver peysin rins the veins o woufs
an draws thim ti some aesome bit
ti yowl in flyte wi the muin
rins birnin throu ma veins the nicht
til wanrestfu
   sweitin
a rise an reenge oor cairpetit forest
this hoose groun strynge.

hoo mony times hae we maitit
oan nichts lik this
rain teemin agin the windaes lik
the frantic clauts o jealous bitches

hoo mony nichts hae ye fed ma greenin
a deleerit hing
wild an raivelt wi tears an yirth
cam in greetin frae the wuids

hoo mony year hae a lat ye scouk
yer anger an yer dule in-o me

a hae leart sae weel hoo eith
ane's passion's spent in anither's
an is this luve at stechs itsel
then slups ti some clift apairt ti
gnap the banes o oor myndins
til it tuims an aince mair
grous stilpert an hungert

a scrieve aa this under a fuil muin
the years snashin an yaupin et ma heels
lik a pack o hoonds

Andrew McCallum

Oh my love is like a

O my love is like a poki chips
when yir trauchlin alang Argyle Street
in January eftir the sales
n the poly bags r cuttn inti yir fingurs
nits freezn
pure freezn
n even afore yi come ti that chip shop unner the brig
yi cn smell the chips
mmm
nyi jist HUFTI huv some

nyir waitn it the countir
n thirs aw sorts sittn in frunti yi
fish n soasidge n pizza
but yir waitn fir chips
aw yi want is CHIPS

nyi eat thim oot the paper
walkn alang the Gallagate
nyir fingurs r freezn
n greasy n salty
nit tastes soooo good
nits thi best poki chips yi ivur hud nyir life

O that's whit my love is like
so he is

Anne Armstrong

The Stane-Chapper

Sicht an soun – roun the neist turn
The stane-chapper – sair gash
Asklent the seamless green o fields,
Its raucle chafts chirkin oot
A stab of discord, smoorin
The lilt o birdies heezin tae the heichts –
An still my faither's sang
Fair stottin aff the Fells!

Sic blithesome days we ganged – faither an dochter baith
Oor paths a taigle o gerse an fern
While roun my heid, growpin, yon airms o treen
Skenklin in simmer licht
As they wad tirl me fairly,
Ticht in luve's embrace!

Syne cam yon gurly day o riven storm
Oor sicht near blindit in the gowsty blash,
We twa coorin doon in a hummock o hedge
My trummlin fingers niddert in the cauld
An faither fichrin for a flaucht o flame
In the bield o his luif –
Sic tyauve – an me but wee forjeskit lass!

A twalmonth forrit – Dumgoyne at oor back,
Stauchrin hame thro the stour, winnin on by the snug,
Fient livin saul within, juist we twa sittin quait,
My Daddy at the gless, myself doon-hodden,
Soundin the faddoms o the unco brew

Noo, happit in my weeds of widda-years
I mind again thae days o gowden licht,
By woody paths, by ilka lirk o hill
Haill warlds o wonder opening tae my sicht

An whiles, it chaps frae oot my reverie
This stoundin at my hert
At thocht o yon guid bowsome stane-chapper,
Its muckle mash clackin awa the hours
An syne, my faither's voice, lichtin the derksome way,
Hissel, weel fettled for the angry blast,
His auld banes souple yet
Fair ettlin for the fray!

Lillias Scott Forbes

Ae Day In Summer

Weet-happit fields were derned in banks o haar,
the dawin road dreeled straucht and faur,
the bairns went guddlin in the glaury dreeps.

The morning lithed, we lowsed for dennertime,
jalousan we'd no reach the Muckle House:
lovers smooled awaa intil the wids.

Heat glaimed and skimmered in the air
as aathin, at aince, went everywhaur,
molecules joukan like tadpoles in a jeely-jaur.

Naethin binna stride it out. A wearisome spang,
mile efter mile ablaw the trauchlin sun.
We grew auld in the efternuin.

Syne – there were aipple trees and greenhouses,
swallows in the caller cramson sun-faa.
Daured we keek ower God's heich gairden waa?

William Hershaw

The Warld Nixt Door

Hyne awa at the dwyne o day,
whaur lift an sea ir nacrous gray,
an the jyne atween is scantlins seen,
the'r a glimp o a warld nixt door.

Whaur the tirnin yirth scliffs the lift,
ye'll see the hinger slichtlie shift,
syne glamourie licht i the gloam o nicht,
sypes in frae the warld nixt door.

An ye'll ken it's a fremmit licht,
that's an unalik vairsion o bricht,
no yellae, nor green – lik naethin' ye've seen,
is the licht frae the warld nixt door.

Ir thare muirlans, wuidlans an glens,
ir thare scriddans an lochans an bens,
is thare sinlicht an rain an fowk lik oor ain,
in the undeimous warld that's nixt door?

We kenna the wunners ben thare,
ilka drame o oor herts an mair;
aathin that's braw in a douce ferlie glaw,
micht bide i the warld nixt door.

Tak flicht wi the weings o the maw,
fleet lown 'neth the braid ocean's swaw,
soom swipper an swith on sea-loch an frith,
cuid ye airt til the warld nixt door?

Ye micht sail til the doungaun sin,
yet nivver ye'll ettle tae win,
til yon naerrie wip at the easin's lip,
whaur it trysts wi the warld nixt door.

David C Purdie

Unsindered

(D Sailor's Haumcumin)

Man an wife,
lang held sindree –
d rowl an d rise an d ebb o
thousands apu thoosands o
waves lyin atween.

Sho maaks apo hir sock,
watchin hit grow;
d sam as Penelope tinkin lang
aboot hir man scuddin an rumblin
awaa aboot d wide oot-yunder.

Rowlin oot doa fir banniks.
Maakin eenyauch fir dm baith.
A herd habeet t brak.
Sho slides d banniks ida oavin an,
untinkin, trivvils d herd lent u d
owld rowlin preen.

A stoor o baaky ida keetchin,
ungkin an ert kent baith tgidder,
pooz hir itae d present tense.
An a voys – coorsind we saat an rum an d
cumpinee o iddir meyn –
spaeks hir name, clear eenyauch.

Shu aupins d oavin doar
an smiles as sho sees d
banniks rizn up boanie.
He draaz fae his pipe,
spaeks naun but staands we a blyde look
whin he seez d haet banniks staandin
prood, foo an tiftin.

Mark Ryan Smith

Sax Auld Aunties (an a Wheen o Uncles)

Roostin at the tap o Rosemount Biggins,
heid-tae-fit in narra hurlie-beds, nine bairns
seen the hinnerend o Victoria's rule. Lang deid noo,
the maist stottered at lenth tae their eild.

I kent twa-three, whan ah wis a wean.

Nessie had blithe runklie een an crinchie wee pokes
o strippit bilins. A wolf liggit roond her craig;
it looked tae me, girnin, slabberin its lips.

A sairious carle in a heich bed, Frank scrieved
letters fur fowk. His life dreeped awa doon tubes as,
solemn-lik, he bunged up his thrapple wi pills.

Emmie smoked wee cigarettes in a stick,
smirked lik a sherk, wore purpie troosers.
Her lippie drilled holes throu her sisters' een.

Jim hud a sonsie wadge o a face, glintin wi wallies
lik an onfaw o snaw. He wore tweed shuits,
pu'ed surpreese hauf-croons fae's hairy lugs.

Chris harled her wee oarie-boat ower cauld tides
an biggit a wudden hoosie in New Zealand.
Sent hame rugs lik woolly flags, blazoned wi sheep.

Meg wis ma grannie.   She laucht saftly,
sang, *'Gin ah can help some buddie...'* She ettled sair,
but cud nivver mind oniethin that she'd duin.

There had been Jane, an Libby an aw, ah wis telt,
an the laddie Chairlie, takken at Ypres: dowie ghaists
haudit fast in the aspic o ither fowk's braith.

Nine raggedy corbies; aye crawin inside ma heid.

Jim Waite

Local Gravitational Fluctuations

It's a wunner that's challenged the greatest
Minds ae modern physics:
Is Gravity a constant thing throughoot
The hale Universe,
Or diz it chinge fae place tae place?
Well, Ah've goat the answer.
If they jist come roon tae ma hoose
Between hauf six and seiven
Every moarnin,
Upstairs, doon the loaby,
Second door oan the left,
They'll see me strugglin wi superhuman effort
Aginst the strongest gravitational effect in existence.
Ah jist canny get ma heid
Affa that pilla.

Les Wood

2009

Hame Tongue

Beltane fire sproots frae oor Fergie tractor
As it pleuchs lines ablow the gull rabble.
It will saison aw the raiks o Renfrewshire
Workin the auld leid o seed and stubble,
A constant diesel muse; while we harra
The guid grun, shake dialect frae the shaw,
Gaither bushels o wirds frae ivverie furrow,
Steck em in the barn as turses o straw.
Athort the law a flock o blackface yowes
Pairt sweet phrases o cock's-foot an fescue
Wi the Friesian coos ower on the knowes;
Bit oor prood kintra tongues mean naucht to you
Fir ye hiv turnt awa sae fail to see
Fields o warkin beauty an their poetry.

Jim Carruth

Aye, Plenty, An Mair

A'm nae aa that sure aboot Glumsh or Glunsh –
bit Grizzel an Happit are in aboord onywye.
Is the back door snibbit? Mak sure it's wide open.
There micht be some neebors cam through the back
gairden or in ower the waa. Golach and Glit were nivver
my bosom freens, bit ya winna keep them oot if there's
ither fowk in. A'm nae haein Drittle nor Fouter, though –
nane of them – there's aye some scutter or sotter wi yon.
Hud back the fancies – bit pit them oot later. Shortbreid
an tablet, an twa or three panjotteries – there wis nae
oofum-ploofums at the baker's the day. Bit there's broon
breid and pan loaf an butter an honey, an plinty o sassidges,
fae Tommy, the best. Ye can aye pit on tatties, there's broth
on the simmer, an fish winna keep. Oh, there's galshach
o some kind – jist mindit this meenit – in the press
oot the back. So rowe up the cairpets, redd the fleer,
space for dancin. Bring aabody ben as seen as they're in.
An mind noo fit I tell't ye: the finest particles are langest
suspendit, so maist o oor relatives are still t' come doon.

Alexander Hutchison

Rembrandt's Prodigal

A'body's best kent tale o comin hame
is pentit here by yin who suffert dree
o lossin freens an walth an wife an weans
yet fand the faither in that misery.

Agin the rich but sombre shadowy scene
jist luik the younger laddie's lowdened heid,
the worn-oot sandals an the sair-torn feet
o the far travelled, ragged, broken bairn.

See the twa hauns the faither raxes doun –
the yin sae strang, the tither slenderer
like mither's haun tae bliss an confort him –
the spendrife wildie – noo at last cam hame.

An see the bide-at-hame, sae dour, sae faur
fae bein hame, tho niver gane awa.

Muriel McNair

Telemachus et Lower Largo

(i.m. Adam Burnett, 1892 – 1915)

Fire an reek ma faither staw frae a forelaun
in Gallipoli. Ma mither wuive e's hame-comin
bi the fireside, rippit-oot er dream et brakfast.
Whan e cam back A saw a sodger paraud

doun the mids o a nairrae wynd, a warld war
ruckit up ahint im. Ilka day, swaiter than air,
strynger than incense, e pertendit indifference.
But i the daurk A felt e's anger et the burnin boats.

Lik a god e turn't me heid. E haed roupit
touns ayont a bairn's horizon, whan in simmer
A howkit the saun ti haud an ocean. A heared im lap
lik waves agin ma feet. Ma castles caad doun,

the sea turn't. Haun in haun we cross't
the in-atween o laun an watter,
a pail fou o shells an glentin stanes offer't up
ti e's gaein an e's comin hame.

Andrew McCallum

Edenburg

Scotland the teacake, frae Uddingston tae Duddingston
I'll praise ye, the lave can haud thir wheesht.
Whiles I'll sing ma hame, Embro, heroic toon,
Whaur sonsy Shug the Scaffy gangs his roon
An orra spuig, a Jambo frae baldy pow
Tae pirnie taes, in galluses an nicky tams,
Clearin dross frae roon yer feet as ye wait oan a tram.
Shug kens
Whaur Burke an Hare yince plied thir trade, but an ben,
An Knox, nae mair beef bar Samson's Ribs, glowers
Across the Flodden Waa at fallen flooers;
Whaur Jinglin Geordie whustles yet, takkin smooth wi ruff
An howks oan Midlothian's sair hert o stane,
Or taks a daunner alang o Jeannie Deans;
Saunterin doon Canongait, whaur the gowden baas
O Shug's favourite uncle hing oot frae the close.
Doon by, John knocks at Marie's yett ivry nicht,
"A relic o Lord Darnley may be seen." His relict
– A hussy, if still a queen – rides furth heidless
O consequence. But turn past Calton, avert yer een
Frae Nelson's Column an Embro's Disgrace,
(Or ither habits best unseen)
Frae Auld Toon tae New an the braw waddin cake erectit
Abune Sir Walter Scott wha sits an muses negleckit,
The anely begetter o the novel. But stap yer lugs!
Agin the gun that bowfs oot ower the gairdens, Mons Meg.
Ye maun hike it noo, up The Mound, Shug has guid legs,
Ayont The Black Watch an Alan Ramsay's Goose Pie hoose
Endin at Candlemaker's Raw, whaur tourists can jaloose
The deeper meanin o the statue tae a dug.

Alistair McDonald

Hame

In the lee o John Knox's yew
(ane thing o beauty still staunin
at least despite his threapin)
we toss our cabers as though
it's the naitural thing tae dae after breakfast.
Ower the firth, Dumbarton Rock
is mired in mist, or speerits,
like the braes o Ben Jiggery Pokery
or the gleet in yon American's ee
as he minds the cabers o his forebears
lost in Lochaber lang syne.
The morn we will rake a rickle o stanes,
be blood brithers in a kirk hidit
in the wilds, an toast oor common bonds
in fists o malt, for are we no a mairit
tae the same shooglie territory o mynd,
a nation that is and isnae, as solit
as a sea-loch's soughin
the mutter o an editorial,
the tingle o tills far off in the gloaming?

Hugh McMillan

Lamb Holm

(Orkney, site of the Italian Chapel)

We maun lay claim tae monie a thing, true or weened,
in oor hyne-awa ingle neartae the roof o the warld.
Certaint, we've smeddum enu on tap, an bluid that rins tartan
gin there's a mynt o Wallace or The Bruce,
but this is far an abane aa earthly conceit

or irony. Wuid that the Lamb be hame.

Sicca chaipel micht hae been biggit
on a seamless gairment o hate
fir the cauld countrie that kept them frae thir ain,
shewed them its worst o faces,
let them feel aa its salted breezes
then gie'd them a cause, a path tae follow.

Shairly the Lamb is Hame.

Owerheid, wild geese, abidin Natur's rule,
howk arrow-heids in the half-licht o anither season's passin;
squabble ower wha taks the hind-maist.

The Lamb is Hame
The Lamb is
The Lamb
Lamb

Alexandra McQueen

Hamecomin blessins

Blessins
oan the faimilies waitin,
breid, watter and mair oan the table,
bed made, hoose trig,
bit naebodie comes hame.

Blessins
oan the folk wi nae hames tae gan tae,
cooried, at the hin en o a dreich nicht,
intae cairdboard boxes or
warmin hauns roon a brazier unner a bypass
wind flappin roon faces shilpit an wan.

Blessins
oan the sodger hunkert doon
in a bluid-soakt sheuch,
or the refugee staunin
at the black-brunt shell o hoose.

Blessins oan
thaim whae come hame,
thaim whae dinnae,
thaim wi nae hame tae gan tae.

Liz Niven

Mirzah's Brig

The Brig o Lyfe that raxes ower
the wattirs o Eternitie
is aye thrang wi eydent fowk
gaun forrit, tho monie o thaim
gae skirrievaigin eftir bubbils
that kelters bricht afore thair faces.
Ah durtstna byde ti luik at thaim
for lang, for ilka glisk Ah tak,
a hantil whummils ower the edge
an sants intil the spate ablo,
the glif kenspekkil in thair een.
Thair monie pleys is left unduin,
an late or suin it's sensibil
the lyke weird lys in stowe for aw.
At aither end the brig dounhings
a cloud – but naebodie ava!

David Purves

Northsick

Blaan here, lik a thochtless leaf, I settled
for saft days, for bane-warmin Southern sun,
the air scented wi marjoram, lemon thyme,
rosemary, basil, aa sprootin wild. I cud bide here,
I thocht. And here I've bidden, aa these years,
happy. Nicht times I waak unner a melon mune,
ripe gowden canteloupe drippin ootlin stars
abeen a sweet dairk sky, swingin sae close
I cud wrax up an pu them doon fir lamp licht.

But last nicht I waakened up, tears begrutten
rimey trails doon my face. Aa I cud think on
wis a winter's morn lang syne. Gaspin lungs
in the ice thick air, skitin and slidin the hale road
tae the schule. Crackin puddles lik black gless
tae splintered crazy-paving. Hamesick for frost
rivin the breath fae ma breist, for that high sky,
its white burnin mune, the aipple green veils
a Merry Dancers. Nae win oot fit's bred i the bane.

Sheila Templeton

2010

Simmer's Bairn

In Januar the daurk's snell wecht
haps ma ill-graithed shouder
in oorie wunds: ma harns gae
saft, an ween a switherin eldritch
skirl o ghaistly wichts. Ma dug
gaes troddle agin ma cuit, hears
nocht: her neb seeks ithergates,
a mowpie aiblins, or a con, she
tents tae naethin but sic kennin
as her mense allows. A lat her
gae – there's easin in sic caum
an fendy lichtsomeness. But me,
gin crammasy at daw be weird o
dreich an dule, a'll hae dule day.

A'll ayeweys be a simmer's bairn,
an thole the bauken's flichterin
jouks, in trokin fur a glisk o licht.
Ma seil's tae tipper throu a lea o
caller gress, aneath a beild o gean,
an pou a buckie fae its breer, or
fae its ane dern bourie in amang
the heather, find sweet blaeberry.
Dinna lat ma saul growe auld: an
crammasie at dim, o that a'd hae.

Aonghas MacNeacail

The Sodger Comes Hame

He streeches oot upon the pullman seat,
fower rattlin lager cans his ordnance noo.
Thae buits are stoorie still fae hert-sair launds;
he steeks his een.
The wumman opposeet
finds hard tae thole the sicht o this
young sodger fresh fae scabbit crags.
She welcomes politeecians' platitudes
and sangs o heroes: this is no the same.
She disnae ken whit sichts thae een hae seen
or whit thae brakken finger nebs hae torn
fae Afghan herts.
Wi'oot her TV screen
tae sanitize, she's wary o the sodger's
closeness here, his sweit, the reek o beer,
the bluid and sandy terror o his dreams.

The wheels rin smoothly as the train sweeps north:
a rattle ower points and intae Perth.
The cairriage yerks, the cans fly skittlin doon;
she tichtens bluidless lips.
The sodger fidges.
Ahint his lids whit scenes are playin noo?

Jim Waite

Cape Wrath

The kintrae ends here. Shairp gray rock,
haurd as consonants, usurps the saft yirth.
Whaur waves curl roond their vowels, Kervaig
stairts its laund's end lapidary o shingle.

In the distance is the easins' lang division:
the sea ablo; the lift abuin; the shore atween.

Nae wonder we think in threes: laund, watter, lift.
Nae binary opposites, nae polemics, juist
the even-haundit trinity that accommodates
third pairties, third dimensions, third warlds.

Cloods blear the blae; the oncomin storm's
rummle in gray flux, tumult. Gulls hing in place.

O a suddent a lichtnin bowt cracks the lift gin
it war a windae an the maument war a stane,
an a suddent thocht simultaneously yirks thegither
fire, air, yirth an watter. A'm in ma element.

Andrew McCallum

Weedow Burds

We are na black burds.
Oor feddrame is bricht
an' graithit wi' gems,
oor taes lacquert in reid.

We flock inta
the suddren sun
tae streetch oor wings,
tae wheetle an' sing.

Under the stars
when the lichts
are dim, we daunce
wi' sheddas.

Eunice Buchanan

Steppin Oot

frae the deid quate o the hous
ye went oot
intae the greenbricht mornin
tae fetch the bike
while he lay forfochen
shiverin lik an auld yow
heid trummlin
lik the strings o the fiddle
he's brocht hame
safe efter cowpin
somewhaur on the bleak hill road
lyin there wi the tunes
still dirlin in his heid
and in his fingers
skreichs an skirls
an flashin een
the stars
an the cauld cauld nicht

an you, douce an quate,
steppin oot wi yir sister
intae yon bricht green warld
wi aw yir dances still tae come
and cauld air on yir face
lik a first shy kiss

John Burns

On midsimmer eve

I winna seek tae meet my luve
lik ither lasses. Nae for me
the midnicht runes, the folded
fresh plucked rose, garlands
o lang fennel, orpine, green birks
decked wi lilies, the giddy loupin
ower the boon fires.   Raither
I wad lie alang the warld's curve
its sweet spine, watch sunset's
lowe dee smeerless in the West
half grown shinin corn reeshlin
a promise o steepled stooks
my nicht a moth-glimmer mune
and daur the silence;
daur tae listen for it, that still
waarm beatin hert happed deep
in aathing we ken o earth.

Sheila Templeton

Author's Note
*A Sami myth says that in the beginning, the god who made all things took the beating
heart of a two-year-old reindeer and set it at the centre of the earth. This is the rhythm
of the world, the pulse of life, the source of all being and as long as we can hear its
beating, all will be well.*

Harmony, Glen Tilt

No that bonny, but hailly natural,
a perfit wark o nature,
the whinstane, solid lik a hoose,
a solid hoose that wid mak a safe dwellin,
won free o coverin earth.
Wind riven, wi edges shaved aff,
on the broo the rock bided,
dependable
wi but sma shifts thro the seasons.

Syne bird-spirit brocht thegither,
rodden an whinstane.

Rock veins haein stretched
tae gie room tae mak space fir roots
a tree grew.   A link wis forged.

Through blossom
berry,
fall,
rock-anchored, the rodden-tree throve,
fruitfu'ness showin in bricht Autumn promise,
the rock providin a fautless foil,
wi bond noo stranger even than afore.

Betty Tindal

The Time O Ma Life

As frost maks the gress growe mair brittle
a thin haun's closin roon ma hert.
Thir ur places I shoudnae gang back tae.

Caul linoleum glents in the muinlicht.
Panic an emptieness bide in the ha
an frost maks the gress growe mair brittle.

The doorbell clammers; the licht gangs oot.
Thunnerin hertbates ecka in the kitchen.
Thir ur places I shoudnae gang back tae.

The wireless is wheesht; the valves smell o dust.
Fremmit fists dunt the derk-vernisht door –
whill frost maks the gress growe mair brittle.

Growne-ups greet when they're feart an in pain
then they'll fash an sweer throu enless nichts
in the places I shoudnae gang back tae.

'I'll hing fir whit I'll dae tae ye,' she says.
I pick at the skin that covers ma cocoa
whill frost maks the gress growe mair brittle;
thir ur places I shoudnae gang back tae.

Jim C Wilson

Blue Skies Thinkin

Ah ventured oot, acause o the volcano,
tae view frae the benmaist heicht o the Knipe,
the unkent ferlie promised bi the day,
Pechin up the brae taewart Blackcraig,
ah met a wummin wi her three bit weans,
'We micht no see a day lik this agane!' –
she thocht me gyte, bi thon queer luik she gien!
A fairmer blockt the track, unloadin kye,
fowr flichty luikin beasts, wi cauf at fuit,
'This waither, whit a day!' ah said, but he
girned his gab, sayin, 'We'll pey fir it, likely!';
It made me think oan Reid's braw poem, 'Scotland',
an smilin tae masel ah trauchled oan.
Atop the hill ah lay there neist a cairn,
an couriet near the bield gien bi its stane,
flat oan ma back, birslin lik a scone.
The warld invertit nou, gang heelstergowdie,
the lift grew fathomless, a shipless ocean,
Cerulean; uninterruptit blue!
Nae safety-net o criss-crosst vapour trails,
tae stap me thochts frae raxin tae the sun.
A buzzard flew by, an him an me wir one.

Rab Wilson

Ghaists

Here, oan this blastit hillside, stuid Benwhat,
Whaur haurdy men aince mined the Ironstane,
Till it ran oot – and then they mined fir coal.
Seen frae the heichts it's lyk some Machu-Picchu;
Weird plateaus an mounds define the grunnd,
Strange promontory's grassed ower nou wi green,
As natuir slowly hains back whit's her ain.
Ower-sheddaed by the mammoth Opencasts,
The spoil-heaps o Benwhat are shilpit things;
Worm-casts, neist thae muckle mowdie-hillocks.
That lane brick wa they say wis aince the schuil,
Ah stoop tae lift a waithert block o cley,
'Dalmellington Iron Company', it reads;
the faded legend o some lang loast empire.
There's naethin left o douce, trig miner's raws,
Whaes cobbles rang wi soun o cleek n' girr,
Or scrape o tackets, thud o leather club,
The flap an whirr o racin pigeons wings,
White-peenied weemin clashin ower the dyke,
Whaur yae road taen ye in, an taen ye oot.
Thon aiblins wis 'The Sacred Way' fir some,
Wha laucht an daffed alang it as they left –
When Ne'erday cam, their friens turnt doun a gless.
There's naethin here nou, naethin here but ghaists,
Heich oan the hill the stairk memorial stauns,
A souch o back-end wuin blaws snell an keen,
Throu brucken iron railins, whaur it steirs
The tattert remnants o a poppy wreath.

Rab Wilson

2011

Wabster

The wabster i the winnock neuk
wha hings abuin the sill
kens a souch'll fetch a flee,
grist tae its mill.

Even the warselin flee itsel
kens its weird is dreed:
thirlt and taigled i a wab
no tae be freed.

And aa that's thrang wi DNA
kens hou tae be,
and aathin kens tae be itsel –
sae hou no me?

William Hershaw

Seivin Verses for GMB

They are fermin the fower winds.
Five grey-stemmed daffodils
on the hills abuin Eynhallow
that whirlmagig air intil pouer.

Aa Simmerdim on Flotta –
a thrummlin column o virr:
the fleerin ee o Sauron lowps
and rages in its touer.

Fishermen wi lap tops,
tractors steert by Sat Nav,
Progress chaps our door unbiddan
tae win us ower.

Sunlicht asklent a green wave
maun be wrocht as an equation:
the Physic mind is mappamouned
whaur aa is swack and sure.

The makar speirs the silence,
raiks the taigle o time-wrack
for signs and kennings, patterns
amang his hairst o hours.

The solar wind pents miracles:
a muckler ane by faur,
we're a mystery o pairticles
ablaw the cosmic glower,

Aye we're raxin scaffolding
o sense on circled yirth.
Magnus sails his saundstane ark
abuin our clash and stouer.

William Hershaw

Persephone

When I wis there I gied Hell
a richt redd up.
Pit a spoke in Ixion's wheel,
shone up Tantalus's tassie,
telt Orpheus there's nae lookin back.

I suin pit the peter on Cerberus.
Yon tyke wis jist needin telt.
Let's me bye noo, baith in an oot,
wi'oot worryin ony o's heids.

O course Hades himself
wis fair bumbazed –
niver kent that Hell
cuid be that tidy.

Och, I niver mindit the puir bruit.
A wee bit houghmagandie,
an a clean sark eence a week –
he's weel content.

But ye ken whit mithers are.
Siccan a tulzie!
Naebody guid eneuch for her dochter.

Sae, deil kens, it's up bye
tae gie her a haund
wi her spring cleanin,
an suffer a hauf year o her flytin.

Syne it's the back o the hairst,
an I maun board the ferry
back tae my ain guid man –
whaur he sits fidgin fain,
– nane the waur
o a sax months' taiglement.

Eunice Buchanan

ane auld câna couple mynd back

fur lesley an linda

thon wis juist the stert

raw an carnwath-lik we war in thae faur days
blate eneuch 'thoot aa thon cantrip wi the wine
thankful ti mairi's laddie fur onstappin the joy

syne it's bin a miracle

titchin the shore o the ither in oor sleep
waukin waarm an snod aneath oor ain ruif-tree
shawin turmits in oor fields

e'en the thraits brocht blissin

bruidin daith intensified oor life
care tocht us the nurtur o a failin wean
puirtith peyed us back wi its ain puir gowd

oor mairiage wisna oot the ordnar

we focht an gluncht lik oor neebors daen
an seikent o it aa betimes lik maist fowk
the haill sair fecht

but ay

in ilka cup o cauld hairsh watter
we pree'd a glisk o câna wine

Andrew McCallum

Ninian's Way, Isle of Whithorn

At the back end of hairst
atween Lammas an Martinmas
Solway watters heeze an hurl
an skelp the craigs.
Sea gusts pirl pebbles,
sook shingle frae the strand.

Yon wind is illkyndit
It wallops air, gress an
the hair o a wumman
glowerin oot ower the sea.

Aside the sate,
scrieved on stane
sieven names.

'Did ye ken them?' she says,
'Aa young yins, aa freens,'

'The sea gies an taks,
gies and taks.
Twa sons an a nephew.'

Ah nod an turn tae
the chaipel wrack ...

Ninian landit on thon strand,
lowned the jaws, merked
brochs on the saund.

Crummock in haund
he gaithered fairmers an
fishers tae the faith.

Yon winter wus
a tide ower far
tae stell the watters.

Angela Blacklock-Brown

Juan's glass a wee gin at Hallowe'en

1. "Worry boots ye fey, pal?" puffs the wee man stonin it the Boer.
2. "Aye no can understand you," answers Juan, the swarthy man
3. Kittit oot lit a matador.

4. "War-day-you-cum-from?" enunciates Tall Paul, the wee man's pal,
5. Dressed Allah Conan the Barbarian, as if Juan war a Wayne.

6. The Spaniard shifts his wait fey wan fit t'th'other
7. And the glassy smile worn own his face looks fit
8. Tea-break. He makes tea leaf ...

9. "Hawed own there, stranger," commands Conan
10. As he pits a hairy hone on Juan's wee shudder.
11. "War ye gone? Wit ye needy run aff fur say soon?"

12. "Aye, sty furry bit," agrees the puffy wee hobbit,
13. "Well no bite. Ain't that right, ya lanky shite?"

14. "Two true," nods Conan, "ya tubby wee runt.
15. By the way, how did you no dress up the day?
16. In fucked, nevermind." He turns back tay Juan, sighs:

17. "Sty a wail, Juan, it's a bee-you-awe-full day
18. Tay spend indoors. Ye goat a swalley?"

19. The hobbit shakes his heed, interrupts way
20. "Wit numb-nuts hears ass-kin is:
21. Hive ye gut a drink, pal?"

22. As he swalleys fey an imaginary gless,
23. Juan's eyes light up, the veil of incomprehension liftit
24. At last: "Yes! You want I buy you drink?"

25. "Naw!" the wee gins roar, offendit.
26. "Yell day nay such hing," insists the barbarian,
27. "Well buy you wan bit."
28. "Aye, well buy ye wan can Juan," smiles the hobbit.
29. "Yes, Juan can buy you drink," nods the bull-fighter.
30. The free men laugh, though none nose fey war th'other's comin.

S Fox

Waashin Line, Moniack Mhor

Yon plastic line, streitchit as it is
Twixt three loppit pines
Cuts a modren gruive through
Lichen whiskers
bedeckit wi years.
Ablow, creeshy gress grows rank.
Abune, the streitch ower tae Wyvis
Lappit wi wave oan wave
O innumerable *stacs* an *squrrs* an *cnocs*
Quiltit cooryin towards the Ben's
Pillow o cloud.   Ower time
An space, anither line hashes
An clashes, the clangour o
Tectonic plates as a Paleogenic symphony
Plays oot.   The plastic line
Sways gently, mindful o a getherin wind.

Robert Hume

Thurs Hunners a Burds oan the Roofs

here huw chouf wouf wee robin rid tit peejin breesty lovey dovey
ruffle yur feathers show me yur ... look it that Frank nut a look
nut a nut plod on then mouldy breed heed woop woop look it that
fingle foogle boogaloo that's no even a crow that's a dinosaur
thur'll be teeth in that beak that's fur sure ohh beady eye beady eye
get behind the gable she's fae the social wit a life Frank wit a life
feedin oan scraps huntin fur crumbs bit listen tae this listen tae this
we're no dodos we kin fly forget aboot the fields Frank look it the sky

William Letford

Mither's wey

Gin a hid kent, a micht hae
ettled tae pit it anither wey –
thon time the brig fell doun
atween me an ma maw –
that her faith, a siccar coat
wis raggit cloots tae me.

Hers wis the braith at gied me ma leid,
hers wis the sang at cooried ma sleep,
hers wis the haun at nouriced ma mou.

She loued her gairden's flauntie graith,
ye'd aften hear her sonsie vice in saft
colloguin wi thon speug on the brainch.

Still young whan she haid tae see
her ain guidman gien owre til daith,
she took sic siccarin as murnin lat
fae thon unseen big cheil i the lift
(a maister cheil wha disna greet tae
see his ain creation rive its wains).

Ye canna caa the faith fae unner sic
a steivit rax o life, she won the richt tae
follae the mirkie licht her guid buik gies,

but gin ye win yer wey tae see the warld,
- an hae nae doot ye maun hae doots -
or walk yer ain cauld misbeliever's gate,

ye'll hae tae gang wi care tae find a threid
atween the want tae sain her wiss an speak:
the logic o thon airt at's apened up tae ye.
Yet luve aye haes its cannie wey tae thirl
a mither an her bairn, but leave her wi ane
gless o howp tae hyst agin the comin daurk.

Aonghas MacNeacail

Chinese Wumman Prayin

Cheng Hoon Teng Temple, Malacca

She kneels wi paums thegither, fingers spread;
her gray auld heid is bowed.   Her runklie lips
are pittin up saft wurds ah cannae hear,
an widnae unnerstaun.
The incense sways
in sairious daunce; it smells lik musty buiks
wi laither spines.   Fae ahint her teems the licht,
tossin hir shaidie forrart tae the altar whaur
the wallie statue harkens tae her whuspert prayers.

Tourists walloch roond, blatterin awa.
They tak nae tent o hir, jist breenge aboot,
gaupin at the eemage, wi its gildit glent o bress.
They worship it an aw, wi flashin cameras;
thir guide-buik wised o sichts that they maun see.

It smirks, this pentit goddess wi the cheenie face,
een dooncast aneath its perfit brous.   A
gravat o yella gowans haps its craig.

The wumman mutters still, wi quiverin mou.
Her een are steekit; her gracie thochts are lockit
atween hersel an yon wee idol there.
Whit scrimpit kinna mercies dis she seek?

Hidlins, ah sneck hir photie, canny-wyes.
Yon hamely face amang the weel-daein thrang is
sweet's a goldie flichterin fae a dyke.

The bonniest sicht in aw this fremmit airt.

Jim Waite

2012

Shivereens

Sma' coal a-smoulder
in the hearth, soft selkie-gray,
to kiss the sting of bone-cauld hands away
for aye the morning's white as milk
evening's haar will drain the day,
parliaments and banks all gan aglay
for want of sharing fairly:

so look sma' to keep hope brave –
it's black tea, tobacco in a battered tin,
a button's buttonhole against the wind
that keeps love safe:
sma' things make sense of us this way,
the spoon between your teeth, the first hot gulp;
something that will stay
the whole long trauchle through,
that one sweet snap, quick over, of our lives;
things for which we grieve,
things we give away.

Pippa Little

Pentit Leddy

It's time.
Ye're sae hantle in my thochts
that it's a stamagast tae see ma physog
no yourn in the keekin-gless.
Fingers flaucht a wing o hair ahint ae lug:
new style fur a new stairt.

Ah gove intae the gless,
stieve as a preened butterflee,
ma een marled wi rigglemerie o howp.

Zip rips the seelence. Makeup brattles oot.
Eelids wait thir stour o pollen
in colours fragrant wi mynd.
Gray, licht as the Tay skinklin wi sunblink,
or stormclood daurk, when we laucht in the rain;
a blush o day-set, its lammer spraing
cruivin me in the past when Ah was still cocooned
in innocence, wappit fast in yir silken lees.

Haird deceesions reeve the Tammie-nid-nod,
lattin poustie flichter free.
Mascara curls breers intae a Venus fleetrap
tae fang yir tent, keep it. Lippie kisses flesh
lik a premoneetion or a hecht.

Thare. Ah'm duin. The leddy, pentit.
It's time.

Rowena M Love

Ecce Homo

(efter a windae in St Isadore's Church, Biggar, bi Roland Mitton)

Frae wuids an fields gaithert in sheuchs o the hills
the fairmer steps in ti an onbreuken laun,
hís neck loupit roun wi a bicker o seed,
twa dugs tirlin tales 'neath the soop o hís haun.

Abuin hís stoupt shoothers the hills heeze a sang
ti a blaewort-fou lift an the smirr o the sun;
yit naither a leuk nor a thocht daes he cast
ti the hairvest ahint that hís labour haes won.

For hís darg lies afore him, the stent o hís braith
maun be skailt makkin halie the scabbit an mise;
sae ay he steps in ti the furthwart o times,
sawin seeds o the spírit ti mak the deid rise.

Andrew McCallum

Raxin Fir The Dawin

Ae nicht, i the back o the year wis brucken,
Ah stuid an watcht the striatit lift,
An felt as ah'd bin gien some eldritch gift,
Some keen insicht that micht betoken
Whit aa the starns abune wis tryin tae say;
The Muckle Dipper, syne ower a bit the wee,
Constellations clash tae bear the gree;
Bricht clusters birl intae infinity –
Cassiopeia, Crux, Chamaeleon...
Whan aa at aince, cam flashin oot the nicht,
No ane, but twae! Naw, three! gleg blinterin lichts,
Tractors: silage rigs wi trailers oan –
An aa at aince jaloused whaur we wir gaun;
Aa human-kind aye raxin fir the dawin.

Rab Wilson

Daurk an Licht

(The Pleisures o Hope 2012)

Daurk

In Twintie Twal, whaur is Tam Campbell's Hope?
In his time, it swung fae Lord Braxfield's rope.
In oors, it's gangs an weans they canna stoap
Wi flooers on a grave an a fitba toap.
Hope? No here, Tam. Try Io or Calliope.
Here it's yin mair freend deid on drink an dope,
Facebook rammies forenent a burnt-oot shoap,
Syrian bairns killt wi a sniper's scope.
Tammas, the system's taen a seizure.
There's debt they canna coont or meisure.
An tae jalouse fae aw this, pleisure?
An Scottish hope? O Tam, yon's a sliddery slope.
An eemis Referendum boond tae floap
In Bold's land o the omnipotent Nope.

Licht

In Thomas Campbell's Land o Hope,
We dinnae mump, we'll never mope,
Hear Susan Boyle chant sangs non-stoap,
Watch Robbie Shepherd daunce hip-hoap.
Tho aye the rain gangs plip-plip-ploap,
Nae need tae dreid the hingman's droap,
No wi yon braw Holyrood 'soap' –
The Queen and Salmond micht elope!
Sae read young Campbell an geez yur
Thochts on Hope. C'moan an seez yur
Lichter side. Finn joy, tak pleisure,
Lowp up and puhsh the envelope,
Birl like Margaret Todd's isotope,
Bricht as Brewster's kaleidoscope.

Matthew Fitt

Kites

A lime green kite is hingan heich
abuin a cauld kail beach –
a hertsome sowel uphauder.

A blawn ruid kite is cowpit laich,
rowed taigelt i the gress –
a daemon is cawed doun.

A lown douce day athout a blaff –
till a gowd kite sneckits airth tae sky
and gars the ruffelt wund gae daft.

William Hershaw

The Smeddum Test

A mind lang syne, when at the schuil,
oor teachers taught us whit ti think,
as prides the ee (it shairly will),
wi world maps aa 'Empire Pink'.
We'd ken oor place an run thir show
when 'Britishness' wis aa the go,
tho' for oor emptied glens back hame,
we taen thir gold an tholed the shame.

A deeper rid an Socialist,
oor ain Keir Hardie led his men
ti London Toun an be the first
ti beard the 'true blues' in thir den.
The same route Stuart Monarchs went
ti tackle England's Parliament.
Will great-gran-weans o Hardie's best
in twenty-fourteen pass thir test?

Oor Lib'ral haund's a bustit flush –
a yince prood pairty – Scotland's choice –
on Tory coat-tails left ti blush
an dream o bein' Scotland's voice.
Auld stalwarts, burlin in thir graves,
maun grue thiv spawned a tribe o slaves.
Naw, if ye've no already guessed,
thae didnae pass the smeddum test.

But noo, oor map, aa Day-glo hues
an fu' o hope ti licht oor day,
as shilpit flecks o rid an blues
will no distracht us on oor way.
Margo, the Greens an mebbe mair,
are on oor side, an honour share.
Oo've pick't a team that peak't the crest.
that' s taen us ti _oor_ smeddum test.

July 2011

Davie Kerr

Esperanzas

(On the night before the burial of his wife, Gabriela, on the Isle of Inchmahome in the Lake of Menteith, Robert Cunninghame Grahame dug her grave himself, assisted by one of his old tenants. On its completion, he sat in the Abbey ruins and smoked a cigarette in accordance with her wishes. Thirty years later he was laid beside her).

I

(September, 1906)

Aye, Laird, draw breath afore the grey day's dool.
We've howked awa aa nicht by lantern glow
Tae mak yir leddy's grave. The morn we'll row
Her ower an lay her doon. In yon dunk mool
Will there be hopes as weel tae tyne an leave
Fur worms? The bairns ye niver had, the hoose
Upby ye lost, the ridin days fitloose
Tae seek lost cities, gowd tae fill yir nieve,

The richts o warking men, Scotland remade,
A horse's haven, an Guid kens whit mair.
Pit them there, these fancies, doon in the clay.
She'll haud them safe. Sakes, Laird! Ye've shairly paid
Yir debt tae youth an hope, an ample share.
See, it's getting licht, could be a braw day.

II

(September, 1936)

My auld grandfaither tellt me he an you
Dug oot this grave ye're lyin here aside,
Tellt me, whit's mair, you were a man could ride
These Menteith roads an parks the haill day through,
Practised lang syne ower aw thae pampas doun
In Sooth America, forbye in Spain.
It's yir advice on that I culd be haein
The noo, seein that I'm aff this eftirnune.

This Spain, ye ken, the bluidy civil war.
A thinkin fellow cannae jist staun by
While honest workers can dae nocht but dee.
I'm shair yersel wad rise an ride, an daur
The deils.   Syne frae the grave I hear ye sigh,
"The deid can open mony a livin ee."

*(Los muertos abren los ojos a los que viven – inscribed on the
memorial plaque to Gabriela Cunninghame Graham above her grave).*

Alan MacGillivray

The Pleisurs o Howp

Howp's shivin aff
Fae Stoicism: wi a skirl o green,
A hollerin reid! Twin gendered
Dancin prancin gypit thing
Cowpin oot 'Realitie'
Tae hae a gemm wi gowden baas.
Aw Howp's pleisur's
Trauntin: oot wi pals
Alang lanes wi bonnie flooers,
Lanes wi waas o sic a heicht
Ye dinna ken fit Howp an pals are
Gettin up tae. Castles o lang gress.

Oh, thon's the door. Dingan doon wi rain
This simmer evenin. Fit fancies
Can we hae, ice caps meltin?
We shuldna lik oorsels.   We shuldna.

Oh ye're back.
I'm nae cumin oot.

Weel, cum in.
I dinna feel richt oan ma feet
Wi oot ye. Tell me, Howp,
Aboot ma dreams:

Gaddin oot on beaches
Wi dugs, saft craiturs
Rinnin roon an roon
Thair daft Equators.

Maureen Sangster

The Pleasures of Hope

At ma ain ingle, whaur dovering fits
An auld-dame myndless o dreads,
This newcome ootlin cleeks me in unwittin.
A nieve taks haud o ma thrapple aince agen.

The pyne wis laithe tae lowsen ower thirty year,
Tho turnt bauchle in high swallae simmers.
Thon bairns, fair gowans i the green,
Kent scantlin waur than sneesh or brammle jag.

Ay but the beast is waukent ae mair time
An blinks its dour een sidelins at ma knee:
Ma dochter's bairnie fitters in on tippertaes
Glentin like a bullet tae ma hert.

Frances Watt

Veesion

Sklentin oot, ower victory's field across,
Æthelstan's airmy, routit, bate an brucken,
Nou Óengus minds his wird forenenst the veesion;
Cloods that formt the shape o Andra's cross.
That eemage stounds tae us doun throu the years,
An nou we face agane stairk, vital chyces,
Nou wir nation's fortune aiblins rises?
Daur we hae thon stieve smeddum o *his* fieres?
Rax forrit, aiblins twa, three mair decades,
An see a Scotland walthy, bien an free!
Siccar in hersel tae bear the gree,
Destiny mappit oot – it's yours tae hae!
An syne thon day wull daw tae cast yer vote,
Yer ain *crux decussata*, markit 'howp'!

Rab Wilson

Author's Note

The Saltire, or crux decussata, comes from the Latin crux, 'cross', and decussis, 'having the shape of the Roman numeral X' – denoting the shape of the cross Saint Andrew was crucified on. In 832 A.D. Óengus II led his army of Picts and Scots against the English army of Angles led by King Æthelstan. The Scots army was victorious and this paved the way towards an independent Scotland. Óengus famously prayed to Saint Andrew the night before the battle and stated he would appoint Andrew as Patron Saint of Scotland if he won. On the day of the battle legend states a white cross appeared in the sky above the battlefield foretelling Óengus's victory. The day is again approaching when the Scots people will have to decide on their country's destiny.

Index of Poems

Index of Poets

Lightning Source UK Ltd.
Milton Keynes UK
UKOW042005210613

212647UK00002B/34/P

9 781849 211246